사물의 역사

나를 매일 웃게 하는, 사랑하는 딸 에스메에게
G. J.

할머니와 할아버지께
J. T.

YOU ARE HISTORY:
From the alarm clock to the toilet, the amazing history of the things you use everyday
by Greg Jenner, illustrated by Jenny Taylor
Text ⓒ 2022 Greg Jenner   Illustrations ⓒ 2022 Jenny Taylor
All rights reserved. No part of this book may be reproduced, transmitted, broadcast or stored in an information retrieval system in any form or by any means, graphic, electronic or mechanical, including photocopying, taping and recording, without prior written permission from the publisher.
This Korean edition was published by SOSO(Ltd.) in 2024 by arrangement with Walker Books Limited, London SE11 5HJ through KCC(Korea Copyright Center Inc.), Seoul.

이 책은 (주)한국저작권센터(KCC)를 통한 저작권자와의 독점계약으로 (주)소소에서 출간되었습니다.
저작권법에 의해 한국 내에서 보호를 받는 저작물이므로 무단전재와 복제를 금합니다.

들어가며

안녕! 반가워요. 이 책을 골라 줘서 고마워요.
환상적인 그림 작가인 제니가 재미있는 표지를 그려 준 덕분일 거예요.
여러분은 지금 이 책의 내용이 지루하지 않은지 살펴보고 있겠죠?
잘하고 있어요. 그렇게 의심해 보는 것이 좋아요.
책을 대충 훑어보고 읽을지 말지 결정하세요.
여러분이 다시 이 부분으로 돌아올 때까지 기다릴게요.
두구 두구 두구……
오, 돌아왔나요? 너무 따분하지는 않았나요?
푸핫! 좋아요, 그럼 제대로 내 소개를 할게요.
안녕, 난 역사학자 그레그예요. 학자라고 해서 공부만 하는 건 아니에요.
사람들이 역사를 재미있게 배울 수 있도록 노력도 많이 한답니다.
예를 들면 책을 쓰고 팟캐스트도 진행하고요, 영화와 비디오 게임 제작을
돕는 등 흥미로운 일들을 하죠. (영국의 어린이 방송 채널 CBBC의
「무시무시한 역사」라는 프로그램에도 참여해요.)
다른 역사학자들은 아주 똑똑하고 진지하지만 나는 좀 바보스러운 걸
좋아해요. 내가 바보 같은 사람이라서 어쩔 수 없어요.
게다가 웃음은 뭔가를 배우는 훌륭한 방법이기도 하거든요.
난 어린 시절부터 역사를 좋아했어요.
다른 역사학자들과 달리 난 역사에서 어느 특정한 부분의 전문가는
아니에요. 말하자면, 로마나 바이킹 또는 아즈텍만 전문으로 연구하지
않는다는 거죠. 전 세계에 걸쳐서 석기 시대부터 현대의 스마트폰 시대까지
나에겐 전부 다 흥미진진한걸요. 그리고 난 아주 평범한 것들에 관심이
많아요. 화장실, 음식, 속옷 뭐 그런 것들 말이에요!

분명히 역사에는 보석을 두른 왕과 여왕, 엄청나게 유명한 위인들, 기상천외한 발명가들, 중요한 사상가들에 대한 대단한 이야기가 가득하죠. 그런 이야기는 무척 재미있어요. 하지만 난 우리 같은 평범한 사람들의 일상생활이 어땠는지도 궁금해요. 우리가 먼 옛날에 지금과 다른 나라에서 태어났다면 세상이 얼마나 다르게 느껴졌을까요? 나는 이 책을 통해 두 가지를 하고 싶답니다.

1) 여러분을 웃게 하고 싶어요(흥 하는 코웃음, 큭큭 웃음, 싱긋 미소, 데굴데굴 배꼽 잡는 웃음, 빵 터지는 웃음, 그리고 그냥 적당한 웃음도 좋아요).
2) 여러분의 일상을 따라가 그 안에 놓인 평범하고 지루한 물건들이 어떻게 수백, 심지어 수천 년의 놀라운 역사를 가졌는지 보여 주고 싶어요. 아침에 여러분을 침대 밖으로 나오게 하는 알람 시계에서부터 시작해요. 그다음 몸을 씻고 옷을 입고 학교에 가기까지 여러분이 집과 교실에서 어떤 물건을 사용하는지 살펴볼 거예요. 여러분이 맛있게 먹는 음식과 음료, 함께 노는 반려동물, 좋아하는 활동도 살펴볼 거고요. 그러다가 우리는 편안한 침대에서 하루를 마칠 거예요.

우리는 아주 현대적인 세상을 살아가고 있지만
사실 우리가 날마다 하는 일은 아주 오래전
우리 조상들이 했던 일과 다르지 않아요.
운 좋게도 옛날 사람들보다 더 멋진 신발을 가졌을 뿐이에요.
아, 우리에게는 와이파이도 있죠.
그런 의미에서 여러분 스스로가 바로 역사예요!
이제 여행을 시작해 볼까요?
먼저 시끄러운 벨 소리부터 끄세요!

차례

들어가며   4

1. 자명종   8
2. 화장실   10
3. 화장지   13
4. 샤워   16
5. 샴푸   19
6. 비누   20
7. 속옷   22
8. 옷   25
9. 안경   28
10. 보석 상자   30
11. 거울   32
12. 헤어 젤   34
13. 시리얼   36
14. 칫솔   38
15. 치약   41
16. 전구   44
17. 우비   47
18. 신발   50
19. 우편함   52
20. 자동차   54
21. 필통   57
22. 종이   60

23	책	62
24	계산기	65
25	지구본	68
26	초콜릿	71
27	공놀이	74
28 29	운동장 게임	76
29	분수식 식수대	79
30	교실의 시계	82
31	스마트폰	85
32	전화	88
33	자전거	90
34	감자 칩	93
35	소파	96
36	탄산음료	99
37	돈	102
38	보드게임	104
39	비디오 게임	107
40	온도 조절 장치	110
41	통조림	113
42	냉장고	114
43	나이프, 포크, 숟가락	116
44	헤드폰	119
45	개	122
46	고양이	125
47	TV	128
48	파자마	130
49	베개	133
50	침대	135
	찾아보기	138

1 자명종

일어나요! 일어날 시간이에요. 이러다 학교에 지각하겠어요. 그런데 일어날 시간인지 어떻게 아냐고요? 아마 여러분도 나 같은 사람일 거예요. 매일 아침 포근하고 따뜻한 이불 속에서 코를 골다가 밖으로 끌려 나오는 잠꾸러기 말이에요. 여러분 옆에는 깜짝 놀랄 만한 소리로 잠을 깨우는 도구가 있겠죠. 바로 자명종이요. 자명종이라는 말이 낯선가요? 알람 시계 말이에요. 물론 요즘에는 휴대 전화로 알람을 맞추는 사람이 더 많은 것 같지만요. 전자 자명종에는 1초에 3만 2,768번 진동하는 작은 쿼츠 발진기가 들어 있어요! 이 기술은 1970년대에 처음 사용되었으니, 자명종도 그렇게 오래되지 않았겠죠? 그럴까요? 음, 이제부터 대답해 줄게요. 너무 놀라지는 마세요.

플라톤의 물시계

놀랍게도 2,400년 전 고대 그리스 철학자인 플라톤이 최초의 자명종이라고 할 수 있는 것을 발명했어요.
플라톤은 아테네에 유명한 학교를 세웠고 거기에 다니는 학생들은 나처럼 항상 졸렸어요. 그래서 플라톤은 물시계(그리스어로는 '클렙시드라'라고 해요)를 이용해 학생들을 깨우는 장치를 만들었어요. 물시계는 플라톤이 살던 시대보다 무려 1,000년 전쯤에 만들어졌어요. 하나의 그릇에서 또 다른 그릇으로 물을 떨어뜨리는 방법을 통해 시간을 쟀지요.
그러면 플라톤의 자명종은 어떻게 작동했을까요? 알 수 없어요. 플라톤은 정치나 좋은 사람이 되는 방법에 대해서는 대단한 글을 남겼지만 아쉽게도 그가 만든 자명종에 관해서는 알려 주지 않았어요. 그렇다면 상상해 봐요. 긴 파이프에서 공기가 쏘옥 빠져나오면서 '삑삑' 하는 소리가 났을 것 같아요. 마치 증기 기관차가 달리면서 내는 소리처럼요. 혹은 우리 집 부엌 찬장 속 프라이팬들이 서로 닿으며 '덜그럭덜그럭', 그리고 내 머리에 부딪치며 '쨍그랑쨍그랑' 소리를 내는 것 같기도 해요. 상상은 자유죠.
고대 그리스 사람들은 참 영리했어요. 그들은 물시계 안 물의 양을 조절하거나 구멍의 크기를 바꿔서, 물이 흐르는 속도를 달라지게 했답니다. 그런 방법으로 시간을 가늠했어요.

시간의 냄새

모든 시계가 숫자로 시간을 보여 주는 건 아니랍니다. 1,000년 전 중국에서는 시간이 어떤 냄새인지 알려 주는 불시계가 있었어요! 이 불시계는 한 시간 동안 타야 할 만큼의 향을 채운 향로였어요. 한 시간이 지나면 금속 공이 '툭' 하고 떨어지며 큰 소리를 내지요. 하지만 가장 멋진 건, 누구든지 그 방에 들어가서 냄새만 맡아도 시간을 알 수 있다는 거예요. 왜냐하면 각각의 시간마다 서로 구분되는 특별한 냄새가 나기 때문이죠. 물론 그 방에 더 심한 냄새가 나는 장난꾸러기 형제가 들어가서 이상한 냄새를 풍기지만 않는다면 말이에요!

노커 어퍼

역사 속에서 찾아볼 수 있는 가장 독특하고 멋진 '자명종'에 대해 얘기해 줄게요. 그 이름은 바로 '노커 어퍼Knocker-Uppers'예요. 내가 가장 좋아하는 자명종이랍니다.

빅토리아 여왕이 다스리던 시대, 즉 1837년부터 1901년까지의 영국에서는 노커 어퍼라는 특별한 직업이 있었어요. 그러니까 노커 어퍼는 물건이 아니라 사람이랍니다! 그들은 긴 막대를 들고 도시의 거리를 돌아다녔어요. 마치 올림픽 준비에 한창인 장대높이뛰기 선수처럼 멋져 보였을 거예요. 하지만 실제로 그들이 한 일은 아침이면 집집마다 방문해 장대로 창문을 두드려 공장 노동자를 깨우는 것이었어요. 그렇게 사람들이 제시간에 일어나 일할 수 있게 도왔지요. 궁금한 점이 하나 생기네요. 노커 어퍼는 매우 일찍 일어나야 했을 텐데, 그러면 누가 그들을 깨웠을까요? 아마 노커 어퍼가 또 다른 노커 어퍼를 깨웠을 거예요. 그렇다면 그 노커 어퍼는 누가 깨웠을까요? 또 다른 노커 어퍼일까요? 음, 생각만 해도 머리가 아프네요.

2. 화장실

너무 은밀한 얘기까지는 하고 싶지 않아요. 우리는 방금 만났잖아요! 그래도 나만 이런 건지 궁금한 게 있어요. 여러분도 아침에 일어나자마자 '어, 화장실에 가야겠어!'라고 생각하나요? 내가 사는 영국에는 화장실이 보통 집 안에 있어요. 근처에는 세면대가 있어서 손을 깨끗이 씻을 수도 있고요. 여러분은 모든 사람이 이렇게 편리하고 현대적인 화장실을 사용한다고 생각하나요? 놀랍게도 여전히 화장실 시설을 이용하지 못하는 사람이 전 세계에 40억 명이나 있어요. 운 좋게도 우리는 평화롭고 안전하게 소변을 볼 수 있죠. 하지만 화장실이 항상 이렇게 쾌적했던 것은 아니에요.

변기에 앉아

여러분, 우리가 사용하는 변기에는 정말 오랜 역사가 있어요. 4,000여 년 전 청동기 시대부터 변기가 쓰이기 시작했어요. 고대 이집트와 인더스 문명에서도 변기가 쓰였고요. (인더스 문명은 지금의 파키스탄과 인도에서 발달했어요.) 사람들은 돌이나 벽돌, 심지어 나무 널빤지를 이용해 변기를 만들었어요. 그리고 사람들이 걸터앉는 구멍 아래에 요강이나 오물통을 두었죠. 인더스 문명에서는 특히 위생을 중요시해 관련 기술이 발달했는데, 어떤 집들은 하수도에 연결되어 있어서 볼일을 본 다음 양동이로 냄새나는 배설물을 집 밖으로 흘려보낼 수 있었대요.

잘 가, 응가야!

로마의 화장실

집에 멋진 화장실이 없었던 대부분의 고대 로마인은 요강을 밖에 비워야 했어요. 그들은 거대한 하수도를 만들어서 독특한 화장실 기술을 발전시켰어요. 로마 아래를 지나는 하수관 중에는 사람들이 배를 타고 지나다닐 수 있을 만큼 넓은 것도 있었다고 해요(호화로운 유람선이 아니라 청소용 배이긴 했지만요). 공중화장실의 배설물은 모두 여기로 들어왔어요. 로마에는 144개의 공중화장실이 있었어요. 그중 어떤 공중화장실은 정말 컸어요. 보통은 한 번에 30명쯤 앉을 수 있었지만 대형 공중화장실에는 80명까지도 앉을 수 있었어요. 놀랍게도 로마의 공중화장실에는 칸막이가 없었어요! 그냥 위에 구멍이 뚫린 긴 벤치였지요. 그건 이곳에 앉은 사람들에게는 비밀이 없었다는 뜻이에요. 또한 상당히 위험할 수도 있었어요. 쥐들이 사람들의 엉덩이를 물곤 했거든요. 심지어 하수도에 가스가 차면서 불이 붙기도 했어요. 그러면 사람들이 앉는 구멍으로 불덩이가 터져 나왔지요. 폭발하듯 쏟아져 나오는 설사는 어떻고요! (미안해요.)

왕실 화장실

왜 우리 집 화장실에서는 역겨운 냄새가 나지 않을까요? 여러분도 마찬가지죠? 하수관에 구부러진 부분이 있어서 나쁜 냄새가 올라오는 것을 막아 주기 때문이에요. 이렇게 냄새를 막는 방법은 1775년 스코틀랜드의 시계 제조공인 알렉산더 커밍이 생각해 냈어요. 하지만 커밍이 수세식 화장실을 발명한 것은 아니에요. 수세식 화장실을 발명한 사람은 존 해링턴 경이죠. 그는 영국 여왕 엘리자베스 1세의 멋진 신하였어요. 그는 자신이 개발한 새로운 수세식 변기를 리치먼드 궁전에 설치했고 엘리자베스 여왕은 크게 감동했죠. 하지만 그는 자신의 발명품을 더 많은 사람에게 자랑하지 못하고 궁전에서 쫓겨났어요. 여왕의 정부를 비판하는 시를 썼거든요. 웃기게도 그는 변기에다 쇠줄로 자기가 쓴 책을 매달아 두고 싶어 했어요. 사람들이 볼일을 보는 동안 읽을 수 있게 말이죠!

빠지지 마세요

600년 전 영국에는 화장실의 오물통을 비우는 사람이 따로 있었어요. 그들은 오물통을 치우다가 냄새가 너무 지독해서 때때로 기절해 오물통에 빠져 죽기도 했어요. 그중에서 특히나 운이 나빴던 리처드 더 레이커라는 사람은 1300년대에 어느 날 볼일을 보려고 변기에 앉았다가 변기가 내려앉는 바람에 자기 똥에 빠져 죽고 말았어요. 아, 불쌍한 사람!

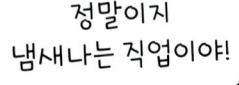
정말이지 냄새나는 직업이야!

화장실 사고

최악의 화장실 사고는 뭘까요?
엉덩이가 변기 구멍에 끼는 일 정도는
별것 아니었어요.
1780년대 미국 버지니아 주에 있었던
윌리엄 미치의 여관에서는 그런 일이
하루가 멀다 하고 벌어졌어요.

근처에 토머스 제퍼슨 대통령의 집이 있어서 많은 사람이 이 여관에 묵곤 했거든요. 그런데 이 여관의 변기 구멍이 살짝 컸는지 사람들이 자꾸 빠졌어요. 여관 주인인 미치는 사람들을 계속 꺼내 주다가 너무 짜증이 나 버렸나 봐요. 그래서 결국 천장에 줄을 달아서 변기에 빠진 사람이 스스로 줄을 잡고 빠져나오게 했대요.

변기 '안에' 들어가지 말고 그 '위에' 앉으라고!

화장지

볼일을 보고 나면 엉덩이를 닦아야 해요. 그래서 화장실에는 쉽게 뜯어 쓸 수 있는 두루마리 화장지가 걸려 있지요. 그것은 아마도 재생 종이로 만들었을 거예요. 그런데 화장지로 재미나는 옷을 만들 수도 있어요(고대 이집트의 미라처럼 몸을 감쌀 수 있거든요). 어느 곳인가에 따라 화장지의 역사는 아주 길기도 하고 그리 길지 않기도 하답니다.

술술

거의 2,200년 전에 고대 중국 사람이 처음으로 종이를 만들었어요. 중국 사람들은 1,500년 전쯤부터 엉덩이를 종이로 닦았어요. 하지만 종이는 상당히 비쌌기 때문에 최고의 부자들만 쓸 수 있었지요. 이때 사용한 종이는 현대의 화장지와 달랐어요. 1300년대에 왕의 화장지는 오늘날 우리가 쓰는 화장지처럼 작았는데, 신하들은 손수건만큼 큰 화장지를 사용해야 했어요. 그들의 엉덩이 크기도 우리 엉덩이만 했을 테니 아마 화장지를 길게 찢어야 했겠죠?

1850년대 미국의 조지프 가예티가 현대적인 화장지를 만들었어요. 1890년대에는 화장지에 자르는 선이 생겼고요. 하지만 1935년까지는 화장지에 가시가 박혀 있었대요. 아얏! 엉덩이에 쓰는 화장지에 가시는 없으면 좋겠네요.

공용 스펀지

종이로만 엉덩이를 닦은 건 아니에요.
고대 로마의 공중화장실에는 스펀지 달린 막대가 있었어요.
사람들은 그걸 소금물이나 식초에 담갔다가 엉덩이를 닦았어요.
역겹게도 사람들은 이 더러운 스펀지 막대를 옆에 앉은
낯선 사람에게 건넸어요! 여러분은 다른 사람이
사용한 화장지를 다시 쓸 수 있나요? 윽, 난 안 쓸래요…….

당신 차례예요!

읽고 닦아요

미국에서 가장 많이 키우는 농작물은 옥수수예요.
수천 년 전부터 키웠기 때문에 역사가 깊은 농작물이죠.
옥수수는 맛있기만 한 게 아니라 화장실에서도 쓸모가
있었어요! 미국이 영국의 식민지였던 400년 전에 농부들은
옥수수의 껍질을 벗겨, 길고 부드러운 옥수숫대만 남겨
두었어요. 옥수숫대는 엉덩이를 닦기에 딱 좋았거든요.

1700년대 무렵 유럽과 북아메리카에서는 신문이 널리
발행되기 시작했어요. 그러자 많은 사람이 신문과 잡지를
찢어 엉덩이를 닦았어요. 때로는 잉크가 묻기도 했겠죠.

사실 1800년대에 미국의 유명한 잡지였던 〈농부 연감〉은
페이지마다 구멍이 뚫린 채로 만들어졌어요. 사람들은
이 잡지를 화장실에 걸어 두고 한 장씩 떼어 썼지요.
1930년대 들어 잡지가 번쩍이는 코팅 종이에 인쇄되자
사람들은 불평했어요. 엉덩이를 닦기에 느낌이 썩 좋지
않았거든요!

막대와 돌

사람들이 항상 부드러운 화장지로 엉덩이를 닦은 건 아니에요. 어떤 미국 원주민(수천 년간 미국 땅에 살았지만 유럽의 이주민들에게 밀려났어요)은 조개껍데기로 엉덩이를 닦았어요. 카리브 해 지역과 하와이에 사는 사람들은 털 달린 코코넛 겉껍질을 사용했어요. 여러 세기 전 일본에서는 작은 나무 막대를 흔히 사용했죠. 아이스크림 바의 나무 막대와 비슷한 것이었어요. 2,500년 전 고대 그리스인은 요강을 썼고 매끄러운 도기 조각으로 엉덩이를 닦았어요.

1,400여 년간 많은 이슬람교도는 신성한 하디스(예언자 무함마드의 말을 기록한 책이에요)에 따라 살았어요. 하디스에는 물이 없으면 홀수의 부드러운 자갈로 엉덩이를 닦으라고 나와 있어요. 요즘에는 많은 사람이 작은 물뿌리개로 엉덩이에 물을 뿌린 다음 닦곤 해요. 이슬람교도들은 오른손으로 음식을 먹고 왼손으로 엉덩이를 닦아요. 나는 이슬람교도가 아니라서 엉덩이를 화장지로만 닦는데, 이걸 아주 더럽다고 생각하는 사람도 많대요. 그래도 우리는 로마 사람들처럼 낯선 사람과 화장지를 같이 쓰지는 않잖아요!

> 으, 난 저 털 달린 껍질을 가져갈 거야!

그레그가 뽑은 최고의 화장실 농담

석기 시대부터 이끼, 나뭇잎, 말린 풀, 밀짚 등이 화장지로 쓰였어요. 공짜로 쓸 수 있는 것들이었죠. 500년 전부터 내려오는 오래된 농담이 있어요.
"이 숲에서 가장 깨끗한 잎은 뭐지? 호랑가시나무 잎이지.
누구도 그 잎으로 엉덩이를 닦지는 않으니까!"

> 아야!!

4 샤워

나는 기분 좋게 샤워를 하며 하루를 시작해요. 여러분은 어때요? 쏟아지는 물이 멍한 두뇌를 깨우고 몸에서 나는 냄새를 없애 주죠. 샤워실은 깨끗하고 편리해요. 여러분도 나처럼 크게 노래하는 걸 좋아한다면 샤워실이 얼마나 멋진 노래방인지 알 거예요(이웃들에게는 사과드려요). 그러니 샤워를 좋아하지 않을 이유가 있을까요?

첫 번째 샤워실

1767년 윌리엄 피텀이라는 영국인이 지금과 같은 현대적인 샤워실을 최초로 발명했어요. 그는 바닥에 욕조가 있는 높고 좁은 공간을 만들었어요. 그리고 그 공간 위에 줄을 잡아당기면 뒤집어지는 양동이를 설치했어요. 놀랍게도 펌프가 욕조의 물을 빨아올려 양동이를 자동으로 채워 주었어요. 하인이 물을 계속 퍼 나를 필요가 없었죠.

하지만 문제가 있었어요. 물이 너무 차가웠거든요. 아, 그리고 물이 더러워지는 것도요! 결국 샤워를 하는 사람은 펌프로 계속 재활용되는 더러운 물속에서 첨벙거려야 했으니까요. 어떤 샤워실에는 작은 바퀴들이 달려 있어서 집 안을 옮겨다닐 수 있었어요. 정말 실용적이죠. 물론 바퀴를 한곳에 묶어 두는 것만 잊지 않는다면요. 자칫하다간 벌거벗은 채 집 안을 돌아다니게 될 테니까요.

디킨스의 악마 샤워

윌리엄 피텀의 이동식 샤워실을 구입한 사람들은 아마 찬물에 씻는 건 신경 쓰지 않았을 거예요. 당시에 피텀의 샤워실은 크게 유행했어요.

1세기 후에 빅토리아 시대 소설가인 찰스 디킨스가 욕실에 소름 끼치게 추운 샤워실을 설치했어요. 그의 가족이 '악마'라고 부를 만큼 물살이 세고 시끄러웠어요. 디킨스는 찬물에 씻는 것이 몸을 더 튼튼하게 한다고 믿었어요. 빅토리아 시대 사람들은 이것을 '물 치료'라고 불렀어요. 내 생각에는 최악의 샤워예요. 난 아주 뜨거운 물로 씻는 것이 좋거든요. 뜨거운 물은 익힌 바닷가재처럼 내 몸을 연한 분홍색으로 만들어요.

현대의 욕실을 만든 건 빅토리아 시대 사람들이었어요. 그 전까지 사람들은 침실에서, 심지어 부엌에서 씻었어요. 피텀의 이동식 샤워실은 배관에 연결되지 않아서 집 안 어디에든 갈 수 있었어요. 그런데 부유한 빅토리아 시대 사람들은 세면 시설과 화장실을 갖춘 특별한 방을 만들고 싶어 했어요. 1870년대에는 욕실에 상수도가 연결되었어요. 물은 부엌의 스토브나 보일러에 의해 데워졌고요. 마침내 사람들은 뜨거운 물로 샤워를 할 수 있게 되었지요. 불행히도 빅토리아 시대 사람들은 건강과 안전에 별 관심이 없었어요. 그래서 때로는 너무 뜨거운 물에 끔찍한 화상을 입었지요. 우리가 빅토리아 시대에 살지 않아서 얼마나 다행인지!

그리스인은 나쁜 냄새를 풍기지 않아요

고대 사회에서 씻는 것은 아주 중요했어요. 부유한 고대 사람들은 스스로 몸을 씻거나 아마 노예에게 씻겨 달라고 했을 거예요. 2,500년 전에 부유한 고대 그리스 사람들은 그렇게 두 가지 방법으로 목욕을 했지요.

그리스에는 대중목욕탕이 있었어요. 많은 사람이 모여서 씻는 이곳은 가장 오래된 샤워 시설이 갖춰진 인상적인 건물이었어요. 바닥에는 난방 시설이 설치되어 있었는데, 욕조도 따뜻하게 했어요. 그러나 어떤 그리스인들(특히 남성성을 뽐낸 스파르타 사람들)은 따뜻한 물로 목욕하는 것은 사치라고 생각했어요. 그들은 자신이 얼마나 강인한지 남들이 알아봐 주기를 바랐어요. 그래서 굳이 찬물로 씻었죠. 그렇다면 그들은 디킨스의 악마 샤워도 좋아했을까요?

그레그가 뽑은 가장 미친 발명품

역사상 가장 재미있는 샤워기는 1890년대에 발명되었어요. 어떤 샤워기였을까요? 음, 페달을 밟으면 물이 나오는 샤워기였어요. 물이 나오는 부분이 펌프와 연결되고 펌프는 고정식 자전거와 연결되어 있었어요. 페달을 빨리 밟을수록 더 많은 물이 머리 위로 쏟아졌지요. 기발하죠! 아니면 어리석은 걸까요? 깨끗해지기 위해 페달을 빨리 밟을수록 땀에 젖게 되니까요. 그래도 난 마음에 들어요!

샴푸

옛날부터 머리를 감는 여러 방법이 있었어요.
그중 인기 있는 방법은 머리에 달걀을 깨뜨린 다음 머리카락과 두피를 문질러 먼지를 씻어 내는 것이었어요. 샤워 중에 머리 감는 것을 샴푸한다고 말하기도 해요. 샴푸는 꽤나 재미있는 단어예요. 게다가 매혹적인 역사도 간직하고 있지요.
이 흥미로운 역사는 한 사람에게서 시작된답니다.

샴푸 외과의

셰이크 딘 무함마드는 1759년 인도 파트나에서 태어났어요. 당시에는 강력한 무역 회사인 영국 동인도 회사가 교역과 세금으로 인도를 지배하고 있었어요. 동인도 회사는 군대를 거느렸고 많은 인도인을 군인으로 고용했어요. 무함마드는 군인이 되어 많은 기술을 배운 뒤 인도를 영영 떠나 아일랜드로, 그다음에는 런던으로 갔어요. 런던에서는 바실 코크레인이라는 남자가 인도의 전통 목욕탕을 만들고 있었어요. 이곳에서 사람들이 쉬고 치유하게 도우려는 것이었죠. 무함마드는 코크레인에게 말했어요. "나를 고용하세요! 난 인도에서 왔고 인도의 전통 목욕에 대해 잘 알아요!" 그래서 코크레인은 무함마드를 고용했어요.

이게 머리를 감는 것과 무슨 상관이 있을까요? 음, 샴푸라는 말은 힌디어인 '참포 chāmpo'에서 나왔어요. 참포는 인도의 전통 마사지 기술을 가리키는 말이에요. 무함마드는 이 오래된 기술을 런던에 들여와 큰 성공을 거두었어요. 대단한 이야기죠? 뭐, 별로 그렇지도 않아요. 금세 다른 목욕탕들이 따라 했거든요.

무함마드는 브라이튼이라는 해변 도시로 이사했어요. 왕족과 부자들이 화려한 삶에 지쳤을 때 쉬러 가는 곳이었어요. 무함마드는 이름을 세이크 딘 마호메트로 바꾸고 자신의 멋진 목욕탕을 열었어요. 그는 자신의 직업에 '샴푸 외과의'라는 이름을 붙였어요. 정말 인상적인 이름이라서 왕도 무함마드의 단골이 되었지요. 샴푸라는 단어가 영어 단어로, 거의 세계어로 사용된 것은 무함마드 덕분이에요!

폐하, 왕관부터 벗으셔야 할 것 같은데요.

6 비누

시끄럽게 노래를 부르며 샤워기 아래에 서 있기만 해서는 몸이 깨끗해지지 않아요. 그래서 우리는 냄새, 세균, 먼지를 씻어 내는 물질을 사용해요. 그중 가장 간단한 것이 비누예요. 그런데 역사 속의 모든 사람이 비누를 사용하지는 않았답니다.

'보글보글'이 아니고 '벅벅'

로마 시민은 어떻게 몸을 씻었을까요? 보통은 '스트리길'이라는 청동 도구로 때를 밀었어요. 왠지 아플 것 같죠?

스트리길은 사용하기가 아주 간단했어요. 길고 가늘고 굴곡진 날이 먼지와 각질을 몸에서 긁어내는 거예요. 이때 중요한 것은 올리브오일이었어요. 오늘날에는 올리브오일이 주로 요리에 쓰이지만 로마 사람들은 올리브오일을 몸에 바르곤 했어요. 먼지와 땀이 미끄러운 기름에 섞여서 떨어져 나갔지요.

끈적거리고 더럽고 미끈거리는 때가 약으로 쓰이기도 했어요. 우웩! 플리니우스(고대 로마의 유명한 작가)에 따르면 당시 의사들은 다른 사람의 땀에 젖은 때를 아픈 부위에 바르라고 했대요. 젊음과 건강을 얻고 싶은 사람은 검투사의 때를 샀어요. 체육관(김나지움)과 검투사의 경기장에서 나온 때는 비쌌어요. 때를 파는 사람들은 그럭저럭 먹고살았겠죠.

스트리길

아, 때가 조금 필요하군요. 걱정 마세요, 펠릭스는 내가 아는 사람들 중에 땀을 가장 많이 흘리니까요!

십자군 전쟁과 비누의 전파

비누는 4,500년 전에 수메르 사람들(지금의 이라크 땅에서 살았어요)이 만든 것 같아요. 그들은 나무를 태운 재를 물에 적셔서 잿물을 만들었어요. 오늘날 수산화나트륨이라고 불리는 이 잿물은 무척 위험해요! 피부를 태우고 눈을 멀게 할 수도 있거든요. 수메르인들은 빨래에만 사용했어요.

1,300년 전에야 인간을 위한 비누가 등장했어요. 시리아의 알레포라는 도시는 올리브오일과 식물성 지방으로 값비싼 초록 비누를 만든 것으로 유명했어요. 피부를 아프게 하지 않는 비누였어요. 그런데 이 비누가 어떻게 부유한 유럽인들에게 알려졌을까요? 슬프게도 이건 처참한 이야기예요. 1095년에 교회의 지도자인 교황이 십자군 전쟁을 일으켰어요. 이 전쟁은 중동의 성지(기독교인, 이슬람교도, 유대인 모두에게 신성한 땅이랍니다)를 차지하려는 사람들이 맞붙은 종교 전쟁이었어요. 십자군 중에는 악랄하고 폭력적인 사람이 많았어요. 시리아에서 싸우는 동안 유럽 군인들은 알레포에서 만들어진 초록 비누를 발견했고 스페인으로 들여왔어요. 스페인에서 알레포 비누는 하얀 비누로 바뀌었는데, 이 비누는 '카스티야 비누'라고 불려요.

> 화상을 입지 않는 새로운 제조법이야!

그레그가 뽑은 최고의 비누 장사꾼

1807년 영국의 미용사 앤드루 피어스는 비누를 만들어 큰 인기를 얻었어요. 그가 죽은 후 토머스 J. 바렛이 회사를 더 잘 운영했어요. 바렛은 광고의 힘을 알고 있었거든요.

이전에 피어스는 충격적일 정도로 인종 차별적인 광고를 했어요. (그건 바렛도 마찬가지였지만요.) 바렛은 비누 포장에 거품을 부는 소년의 그림을 넣은 것으로 유명해요. 그는 떠들썩하게 비누를 홍보하고 유명인을 후원하고 피어스의 로고가 찍힌 동전을 나누어 주었어요. 이런 활동은 현대적인 광고로 이어졌어요. 영어로 드라마를 '소프(비누) 오페라'라고 하는 이유는 뭘까요? 많은 사람이 비누 광고를 보길 바랐던 비누 회사들이 드라마 제작을 후원했기 때문에 붙은 이름이에요.

7 속옷

샤워하고 몸을 말렸다면 이제 옷을 입어야 해요. 옷을 입지 않으면 가족과의 아침 식사 분위기가 어색해질 테니까요. 손을 뻗어 팬티부터 잡았겠죠? 현명한 선택이에요! 우리가 매일 입고 있는 팬티에는 놀라울 만큼 복잡한 역사가 있어요.

오래된 팬티

1922년 영국의 이집트학 학자인 하워드 카터는 이집트 파라오 투탕카멘의 무덤을 발견했어요. 그리고 무덤 안에서 5,000점의 경이로운 물건을 발굴했지요. 그중에서 내 마음에 쏙 드는 물건이 뭔지 아세요? 투탕카멘의 속옷이에요! 투탕카멘은 145개의 팬티와 함께 매장되었어요. 어이가 없죠. 죽은 사람에게 왜 그렇게 많은 팬티가 필요할까요? 이집트인은 사후 세계에서는 빨래를 할 수 없다고 생각했을까요? 투탕카멘의 몸에 닿은 팬티는 너무 신성하기 때문에 함부로 버릴 수 없었던 걸까요? 궁금해 죽겠어요.

고대 이집트인의 속옷은 지금 우리의 속옷과 달랐어요. 투탕카멘의 속옷은 두 개의 삼각형으로 구성된 리넨 소재의 기저귀 형태였어요. 양옆의 줄이나 띠로 몸에 고정하고 그 위에 리넨 치마를 입었지요. 고대에는 허리에 두르는 천을 속옷만이 아니라 겉옷으로도 흔히 입었어요. 500년 전 멕시코에 살았던 아즈텍인의 그림을 보면 몇몇 사람이 허리에 천을 두르고 있어요. 속옷을 따로 입은 걸까요? 아니면 속옷일까요? 왠지 속은 느낌이네요.

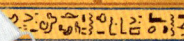

땀을 흘리거나 떨거나

로마의 군인과 검투사가 전투 중에 속옷을 입었다는 사실은 널리 알려져 있어요. 하지만 평범한 로마인들이 튜닉, 토가, 드레스 아래에 뭘 입었는지는 몰라요. 어쩌면 아무것도 안 입었을까요? 로마 제국의 땅은 대부분 상당히 더워서 속옷이 필요 없었을지도 몰라요. 실제로 중세에 스칸디나비아와 영국같이 더 추운 지역에서는 다리를 따뜻하게 하기 위해 튜닉 아래에 헐렁한 반바지(브레)를 입었거든요.

블라우스와 구멍 달린 옷

1800년대 무렵 유럽 사람들은 속옷을 입었어요. 요즘보다 훨씬 더 큰 속옷이었어요! 소녀와 부인들은 슈미즈 블라우스에 드로어즈(무릎 길이의 헐렁한 속옷)를 입거나 둘을 결합한 판탈롱 또는 니커보코를 입었어요. 남자들은 콤비네이션이나 유니언 슈트를 입었어요. 대개 머리부터 발목까지 온몸을 덮는 옷이었어요. 화장실에 가고 싶으면 먼저 옷부터 벗어야 했죠. 정말 최악이에요. 그래서 바지를 입은 채로 볼일을 볼 수 있게 유니언 슈트에는 정교하게 구멍을 냈어요. 웃기죠!

1800년대와 1960년대 사이에 유럽과 북아메리카에서 속옷 디자인이 많이 바뀌었는데, 1930년대에야 드디어 우리에게 익숙한 모양의 팬티가 등장했어요.

"이게 유행이에요."

이런저런 양말들

속옷에는 양말도 포함돼요. 양말에 샌들을 신는 것은 끔찍한 패션이라는 말을 들었어요. 하지만 고대 이집트인, 로마인, 그리스인은 샌들을 신을 때 양말을 신었어요. 그들에게는 낙타의 발굽처럼 발가락 부분이 둘로 나뉜 양말이 있었어요. 그래서 양말을 신고도 샌들 끈을 발가락 사이에 끼울 수 있었죠. 이 양말은 일본의 전통 양말과 비슷했어요.

유럽의 경우 고대에는 짧았던 양말이 점점 길어져서 1400년대 무렵에는 스타킹이나 타이츠가 되었어요. 그러다가 1800년대부터 양말이 다시 짧아지기 시작했고 남자들은 긴 바지를 입었어요. 이렇게 양말은 이런저런 오르락내리락한 역사가 있어요.

티셔츠는 속옷?

여러분이 가장 좋아하는 티셔츠가 있나요? 놀랍게도 티셔츠는 얼마 전까지만 해도 속옷으로 여겨졌답니다. 1800년대의 유니언 슈트, 기억하죠? 구멍이 달린 슈트를 입고 열심히 일하다 보면 자꾸 더워지곤 했어요. 그래서 그들은 유니언 슈트를 반으로 자르고 윗부분만 남겼어요.

1900년대 초에 미국 해군은 군복 상의를 만들었어요. 이건 일반인들은 이걸 따라 만든 옷을 셔츠 안에 입었어요. 겉옷이 아니었어요. 그러다 굉장히 유명한 영화배우인 말론 브란도가 1951년 「욕망이라는 이름의 전차」라는 영화에서 이 옷을 입었고 사람들은 그 모습을 보고 정말 멋있다고 생각했어요. 이렇게 해서 속옷이었던 티셔츠는 반항의 상징으로 변신했답니다.

"그레그 제너의 것"

"이야!!"
"대단해."
"우와!"
"너무너무 멋져!"
"놀라워!"

옷

옷을 입는 데에는 순서가 있어요. 속옷 위에 겉옷을 입죠.
그러지 않으면 바지에 양말만 신고 학교에 가야 해요. 말 그대로 악몽이죠!
대부분의 옷에는 세 가지 용도가 있어요. 첫째, 몸을 따뜻하게 해 줘요.
둘째, 남들 앞에서 (창피하게) 벌거벗고 있지 않아도 돼요.
셋째, 사람들에게 멋진 모습을 보여 줄 수 있어요. 첫째와 둘째가 실용적인
용도라면 셋째는 패션과 관련되어 있어요. 다시 말해 옷은 우리가
어떤 사람인지 표현하는 방법이기도 한 거죠. 아주 중요한 부분이에요.
그리고 얘기가 나온 김에…….

패션 경찰

요즘에는 우리가 좋아하는 대로 뭐든 입을 수 있어요. 하지만 중세에는 사치 금지법이라는 것이 있었기 때문에 어떤 천과 색깔은 나라에서 가장 중요한 사람만 쓸 수 있었어요. 700년 전 영국의 왕이었던 에드워드 3세는 기사나 귀족만 벨벳 옷을 입을 수 있게 했어요. 그리고 왕족만 금색, 은색, 보라색 옷을 입을 수 있었죠. 왜 보라색이냐고요?
고대 로마인들 때문이에요. 그들이 보라색을 왕족의 색깔로 정했어요. 보라색으로 염색하는 것은 매우 어려운 기술이었거든요. 보라색 염료는 티레(지금의 레바논) 근처 바다에 사는 특별한 바다달팽이에서 얻어야 했기에 아주 비쌌어요. 아, 그리고 현대의 보라색 염료는 1856년에 우연히 발명되었다는 사실을 아시나요? 젊은 과학자인 윌리엄 헨리 퍼킨이 약을 만들려다가 우연히 이 염료를 발명했지요. 알록달록하고 알쏭달쏭한 역사예요.

보라색 금지

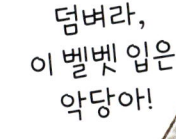
덤벼라, 이 벨벳 입은 악당아!

못난 남자 쇼군

일본의 쇼군 도쿠가와 쓰나요시도 옷과 관련된 법을 만들었어요. 1681년 그는 아름답게 옷을 차려입은 부인과 얘기를 나누었어요. 그는 그녀가 자신과 같은 상류층인 줄 알았지만, 사실 그녀는 부유한 상인의 부인이었어요. 이에 그는 단단히 화가 났나 봐요. 쇼군은 다시는 이런 일이 없어야 한다고 생각했어요. 그래서 평민이 화려한 디자인의 옷 대신 단순한 디자인의 옷을 입게 했어요. 물론 사람들은 그의 말을 따르지 않았지요. 사람들은 단순한 옷 속에 화려한 옷을 숨기고는 친구들에게만 살짝 보여 주었어요. 영리하죠?

남자를 위한 드레스

남자와 여자는 종종 다른 옷을 입었어요. 하지만 소녀라고 항상 스커트와 드레스를, 소년이라고 항상 바지를 입은 건 아니에요. 고대 인도와 이집트의 남자들은 종종 스커트를 입었고, 역사상 남자가 가장 흔히 입었던 옷 중 하나는 튜닉이었어요. 튜닉은 아주 긴 티셔츠처럼 생겼고 허리는 끈으로 묶는 옷이에요. 고대 로마, 그리스, 켈트, 아시리아, 페르시아, 인도 사람들은 모두 튜닉을 입었고 중세 바이킹, 페루의 잉카, 몽골, 튀르크, 남아시아의 무굴 사람들도 튜닉과 비슷한 옷을 입었어요.

뜨거운 사막 기후인 아라비아에서 남자들은 '싸웁'이라 불리는, 아주 길고 하얀 옷을 입었어요. 허리에 끈을 묶지는 않았죠. 하얀 천은 타는 듯한 태양의 열기를 반사해서 피부가 화상을 입지 않도록 지켜 주었어요.

여자를 위한 바지

바지의 역사는 길어요. 남아시아와 중동 지역에서는 수천 년간 남녀가 헐렁한 바지를 입었어요. 일본에는 남녀가 함께 입는 통 넓은 전통 바지가 있어요. 유럽과 북아메리카에서는 200년 전쯤에 바지가 유행했고 남자들만 입었어요. 여자들은 1800년대 중반에야 다시 바지를 입기 시작했는데, 엄청난 논란을 불러일으켰어요!

벽난로를 피하는 것이 최신 유행이야!

아멜리아 블루머는 미국의 여성 권리 운동가였어요. 그녀는 여자들만 꽉 조이는 코르셋과 무거운 스커트를 강제로 입는 게 부당하다고 생각했어요. 남자들은 아주 편한 옷을 입었거든요. 아멜리아는 짧은 드레스 아래에 크고 헐렁한 튀르키예식 바지를 입기 시작했어요. 이 바지에는 그녀의 이름을 따서 '블루머'라는 별명이 붙었어요. 어떤 남자들은 이 바지를 입은 여자들을 보고 분개했어요(사실은 얼굴이 새빨개졌을 뿐이에요). 블루머는 성공하지 못했어요. 대신 크리놀린(스커트 아래에서 스커트를 텐트처럼 펼쳐지게 하는 것)이 유행했어요. 크리놀린은 더 가벼웠지만(아싸!) 벽난로에 너무 가까이 가면 쉽게 불이 붙었어요(아이고!). 여자들이 바지를 입고 싶어 했던 이유를 알겠죠?

여자들이 투쟁에서 승리하고 바지를 입기까지는 다시 30년이 걸렸어요. 심지어 그때도 바지를 입는 건 운동을 하거나 자전거를 탈 때만 허락되었어요. 1920년대가 되어서야 유행에 민감한 여자들이 코코 샤넬 같은 유명 디자이너가 만든 긴 바지를 멋지다고 생각했어요. 유럽과 미국에서 남자들은 드레스를 입을 수 없었고 여자들은 바지를 입을 수 없었다니, 좀 한심하네요. 다른 지역에서는 오래전부터 남자가 드레스를 입고 여자가 바지를 입었는데 말이에요!

안전이 먼저야!

안경

나는 콘택트렌즈를 하거나 안경을 쓰지 않으면 앞이 잘 안 보여서 종종 옷을 뒤집어 입어요. 여러분은 어때요?

안경을 보고 '우와, 정말 첨단 기술인걸!'이라고 생각하지는 않죠. 하지만 사실 인간의 눈을 돌보는 안과라는 의학 분야는 아주 길고 복잡한 역사를 갖고 있으며, 안경은 그 역사의 일부예요. 그러면 안경은 언제 처음 등장했을까요?

나는 볼 수 있어

놀랍게도 안경은 중세 이탈리아에서 등장했어요. 1280년대에 최초로 글에 안경이 언급되었어요. 조금 나중에 제작된 그림과 채색 필사본(손으로 그림을 그린 중세의 책들을 가리키는 멋진 말이에요)에는 두툼한 안경을 쓴 사람들이 나와요. 이 안경들의 테는 나무, 뼈, 가죽 등으로 만들었지만 귀에 걸치는 고리가 없었어요.

작은 코 받침만으로는 안경을 오래 쓰고 있기 힘들었기 때문에 안경은 얼굴에서 쉽게 떨어지곤 했어요. 그 덕에 고고학자들이 중세의 화장실에서 나무 안경을 발견했지요! 이렇게 안경을 잃어버리면 다시 찾기 힘들었을 거예요. 심지어 안경이 거대한 똥 더미에 떨어졌다면 아마 찾고 싶지도 않을 거예요…….

안경이 작게 휘갈긴 손 글씨를 더 크게 보여 주기만 했던 건 아니에요. 제대로 갈아 낸 유리는 근시(가까이에 있는 것만 볼 수 있어요) 같은 시력 문제를 바로잡아 주었어요. 중세 사람들은 나이가 들수록 시력이 나빠진다는 걸 알았어요. 1466년 밀라노 공작은 노년에 대비하기 위해 다양한 렌즈를 대량 주문했대요. 똑똑한 사람이네요!

모두 다 가져가야겠어!

벤저민의 이중 초점 안경

미국의 발명가 벤저민 프랭클린은 노안이라는 흔한 시력 문제와 싸웠어요. 1784년에 그는 자신의 음식을 내려다보기 위한 안경과 사람들의 얼굴을 쳐다보기 위한 안경을 계속 바꿔 써야 했어요. 친구들과 음식이 교대로 흐릿해 보이는데다 계속 안경을 바꿔 쓰는 것은 여간 귀찮은 일이 아니었죠.

그래서 프랭클린은 두 가지 형태의 렌즈를 결합한 이중 초점 안경을 만들었어요. 안경알의 위쪽 반은 멀리 보기 위한 것이고, 아래쪽 반은 책을 읽거나 음식을 보기 위한 것이었어요. 이 발명품은 오늘날까지도 쓰이고 있어요. 잘했어요, 벤저민!

그레그가 뽑은 최고의 (유리 없는) 선글라스

얼음으로 뒤덮인 북극의 토착 주민들(캐나다와 그린란드의 이누이트족, 알래스카의 유픽족, 이누피아크족, 아타바스칸족)은 원래 우리처럼 선글라스를 쓰지 않았어요. 대신 그들은 길고 가늘게 구멍을 낸 고글(나무, 고래 뼈, 순록 발굽으로 만들었어요)로 눈을 보호했어요. 얼음에 반사된 햇빛에 시력이 손상되는 것을 막기 위해서예요.

멋진 선글라스

시력이 아주 좋은 사람도 여름에는 선글라스를 써요(나는 영국에 살아서 1년에 세 번 정도만 선글라스를 써요). 선글라스는 햇빛으로부터 눈을 보호해 줄 뿐만 아니라 우리의 모습을 멋지게 만들어 줘요. 사실 어떤 유명인은 실내에서도 선글라스를 써요. 그래야 신비로워 보일 뿐만 아니라 접근하기 어려워 보인다고 생각하거든요.

신비로워 보이기 위해 선글라스를 쓰기 시작한 것은 언제부터일까요? 750년 전 중국의 판사들은 재판정에서 수정으로 만든 연기 색깔의 안경을 썼어요. 이 안경 덕분에 사람들은 판사가 누군가를 유죄로 생각하는지 아닌지 짐작할 수 없었어요. 어쩌면 판사는 아무도 모르게 졸 수도 있었을 거예요!

보석 상자

여러분은 옷에 액세서리를 다나요? 여러분의 나이일 때 나는 반짝이는 보석을 다는 대신 알록달록한 손목시계를 찼어요. 그런데 보석을 다는 건 새로운 일이 아니에요. 그리고 이런 액세서리에는 멋있어 보이고 싶은 마음 외에 다른 목적이 있었어요.

부적

고대 이집트 사람들은 흔히 부적을 가지고 다녔어요. 부적에는 사악한 마법, 불운, 나쁜 건강에서 그들을 지켜 줄 마법이 가득 담겼어요. 부적은 종종 청록색 도자기로 만들었고, 강력한 이집트 신이나 신과 연관된 동물(뱀, 개구리, 숫양, 코끼리, 쇠똥구리 등)의 모양이었어요.

가장 인기 있는 부적은 호루스의 눈 모양으로 만든 목걸이였어요. 호루스는 매의 머리에 사람의 몸을 가진 신이었어요. 호루스는 사악한 신 세트와의 싸움에서 눈이 찢어졌지만 또 다른 신의 도움으로 회복되었어요. 이집트인들은 호루스의 눈을 가지고 다니면 모든 상처에서 회복될 거라고 믿었어요.

고대의 모든 보석이 마법의 의미를 담고 있는 건 아니었어요. 고대 이집트 여자들은 때로 발목에 작은 초승달과 공 모양의 금속을 달고 다녔어요. 걸어 다닐 때마다 예쁜 소리가 났을 거예요!

빅토리아 시대에 유행한 보석

빅토리아 시대의 영국인들은 자연에 푹 빠졌어요. 아마 도시가 아주 커지고 더러워지면서 시골을 기억하고 싶었을 거예요. 이런 마음이 1860년대에 가장 놀라운 패션으로 이어졌어요. 바로 곤충으로 만든 여성의 장신구였어요! 딱정벌레, 나비, 반딧불이, 바구미, 나방의 날개와 몸통이 희귀한 꽃들과 함께 목걸이, 귀고리, 브로치, 머리핀으로 만들어졌어요.

그레그가 뽑은 가장 세련된 보석

빅토리아 시대에는 곤충 장신구보다 더 이상한 것도 유행했어요. 바로 '분석'이에요. 아름답게 빛나는 수천만 년 된 돌이지요. 그러면 분석은 무엇으로 만들어졌을까요? 음, 분석은 영어로 '코프로라이트coprolite'라고 하고 고대 그리스어의 '코프로스(똥)'와 '리토스(돌)'라는 단어에서 유래했어요. 네, 멋쟁이들은 귀에 화석이 된 공룡 똥을 달고 다녔어요. 멋져요!

액체가 나오는 반지

서명할 때 여러분은 펜으로 이름을 쓰죠? 중세 유럽의 왕과 귀족은 각자의 상징이 새겨진 금속 반지를 도장처럼 사용했어요. 문서를 봉투에 넣은 다음, 열로 녹인 아주 끈적끈적한 밀랍으로 붙이고 그 위를 반지로 눌렀어요. 이렇게 상징이 찍힌 것은 공식 문서로 여겨졌어요.

러시아 대사 부인의 반지 이야기는 훨씬 재미나요. 1768년, 어느 만찬에서 그녀는 프랑스 대사인 귄 공작 옆에 앉게 되었어요. 프랑스 대사는 너무 잘난 척했기 때문에 모두가 싫어했죠. 이때 러시아 대사 부인은 액체가 뿜어져 나오는 반지를 끼고 있었어요. 그 반지가 궁금했던 프랑스 대사가 반지를 들여다보려고 몸을 기울이는 순간, 러시아 대사 부인은 그의 눈에 물을 뿌렸어요! 프랑스 대사는 웃었지만 러시아 대사 부인은 물을 두 번 더 뿌렸어요. 프랑스 대사는 결국 러시아 대사 부인의 얼굴에 와인을 뿌렸지요!

거울

난 거울을 좋아하지 않아요. 내 얼굴은 겁쟁이 사자와 어벙한 족제비를 합쳐 놓은 것 같거든요. 그래도 난 거울이 쓸모 있다고 생각해요. 여러분은 학교로 향하기 전에 입가에 치약이 묻지 않았는지 거울로 슬쩍 확인해 봐요? 나는 항상 그래요.

고대의 매력적인 사람들

거울은 영어로 '미러'라고 해요. 라틴어 미라레mirare(무언가를 본다는 의미예요)에서 유래했죠. 하지만 거울은 로마인들보다 오래되었어요! 최초의 거울은 8,000년 전 튀르키예의 차탈회위크(세계에서 가장 오래된 도시예요)에서 만들어졌어요. 석기 시대의 몇몇 여성이 잘 연마된 검은 흑요석(일종의 유리예요) 거울과 함께 매장되었지요. 흑요석은 엄청나게 뜨거운 용암이 매우 빠르게 식으면서 만들어져요.

거울은 5,000~4,000년 전쯤 청동기 시대 이집트와 중국에서도 나타났어요. 당시 거울은 표면을 갈고 닦은 청동으로 만들어졌어요. 인류는 금속을 어떻게 사용하는지 이미 알고 있었죠. 이 고대 거울들은 벽에 거는 큰 거울이 아니라 손에 드는 작은 거울이었어요. 살짝 굴곡이 있어서 얼굴이 더 잘 보였고, 화장이나 면도를 하기에 좋았어요.

금속만 갈고 닦아서 사용했던 건 아니에요. 1,900년 전 악명 높은 로마 황제 도미티아누스는 사람들이 자신을 죽이려 한다고 굳게 믿고 있었어요(사실 황제들은 많이 살해되었어요!). 그래서 그는 자신을 죽이려는 사람들을 살피기 위해 궁전 벽에 반짝이는 광물인 펜자이트를 붙였어요. 똑똑하죠!

저기 누구야?

거울의 방

거울은 무엇으로 만들까요? 당연히 유리라고요? 그러면 유리는 언제 나타났을까요? 유리는 늦어도 5,400년 전부터 사용되었어요. 하지만 약 2,000년 전에야 중동 지역에서 거울로 쓰이기 시작했죠. 현재 레바논이라고 불리는 곳이에요. 푸른빛을 띤 이 유리는 거칠고 탁했어요. 얼굴을 비춰 보기에는 별로였죠. 현대의 거울은 르네상스 시대인 1400년대에 나타났어요. 당시 장인들은 고르고 평평하고 갈라지지 않는 은도금 판유리 만드는 법을 배웠어요.

최고의 유리는 이탈리아 베네치아의 무라노 섬에서 만들어졌어요. 베네치아의 유리 장인들은 기술이 뛰어나서 다른 나라에서도 데려가고 싶어 했어요. 이에 베네치아에서는 유리 장인들이 떠나지 않도록 세금을 깎아 주거나 돈을 주고, 귀족 딸과 결혼하게 하는 등 많은 혜택을 주었어요. 베네치아를 떠나려 하는 경우 반역죄를 덮어쓰거나 죽임을 당했어요. 이런, 거울을 만드는 사람이 아주 소중했나 봐요.

가장 눈부신 베네치아 거울은 프랑스의 베르사유 궁전에 있어요. 1684년 루이 14세는 베르사유 궁전에 73미터 길이의 거대한 방을 만들고 357개의 거울을 설치했어요. 이 거울의 방을 만들 때 루이 14세는 프랑스 사람만 고용하려 했어요. 하지만 루이 14세의 건축가는 최고의 유리 장인인 베네치아 사람을 몇 명 고용했어요. 합리적인 행동이었죠!

이봐! 가면 안 돼!

그레그가 뽑은 최악의 거울 파손 사건

1760년대에 벨기에 출신 음악가이자 발명가인 존 조셉 메를린이라는 사람이 살았어요. 그가 내놓은 최고의 발명품은 롤러스케이트였어요. 메를린은 런던에서 열린 큰 파티에 초대되었어요. 상류층 손님을 즐겁게 해 주라는 것이었죠. 그는 롤러스케이트를 신고 파티장 안을 쌩쌩 돌면서 바이올린을 연주했어요. 그런데 그 롤러스케이트에는 브레이크 장치가 달려 있지 않았어요. 불행히도 그는 크고 값비싼 거울로 빠르게 돌진해 부딪히고 말았어요. 거울은 산산조각 났고 그는 크게 다쳤어요. 이런!

헤어 젤

거울을 볼 때, 머리 모양이 어떤지 확인하죠?
우리가 잠깐 잠자는 동안에도, 코를 골 때도 머리카락은 계속 자라요(아주 놀라운 일이죠). 그래서 아무리 멋진 헤어스타일로 침대에 누워도 아침이면 엉망이 되어 있어요!
헤어스타일은 사람에 대해 많은 것을 알려 줘요(또는 알려 주지 않아요).
새로운 사실은 아니에요. 머리 손질의 역사를 살펴볼까요?

미라의 헤어스타일

2003년 아일랜드 늪지에서 노동자들이 철기 시대의 시신을 발견했어요. 분석 결과 2,300년 전쯤 제물로 바쳐진 젊은 남자로 밝혀졌어요(그의 짧은 삶은 끔찍한 결말을 맞았죠). 그런데 더욱 놀라운 것은 그가 펑크족 같은 헤어스타일이었다는 거예요. 앞머리를 밀고 그 위에 헤어 젤로 머리카락을 높이 세웠지요. 놀랍게도 그가 사용한 헤어 젤은 그곳에서 만들어진 것이 아니었어요! 그 헤어 젤은 프랑스나 스페인에서 수입한 식물성 기름과 송진으로 만들어진 것이었어요. 그 남자는 해외에서 미용 제품을 사들일 만큼 유행에 민감했던 것이었을까요? 아니면 그가 제물이었기에 헤어 젤이 뿌려졌을 뿐이었을까요?

3,500년 전의 이집트 미라를 연구하는 과학자들은 부유한 이집트인들이 살아서나 죽어서나 헤어스타일을 유지하기 위해 동물성 기름을 머리에 발랐음을 알아냈어요.

그레그가 뽑은 최악의 머리 손질법

내 생각에, 절대 해서는 안 되는 머리 손질법이 있어요. 약 500년 전 르네상스 시대에 이탈리아에서 유행한 머리 손질법이에요. 그때 이탈리아 여자들 사이에서는 넓은 이마가 유행했어요. 여자들은 이마가 넓어지게 머리카락을 밀고는 돼지비계, 산딸기, 겨자, 삶은 제비, 식초를 섞은 고양이 똥(비밀 성분이에요)을 발랐어요. 그것들은 머리가 다시 자라는 걸 막아 주었어요. 친구가 생기는 것도 막았겠죠. 윽!

곰 조심!

빅토리아 시대에 영국에서 가장 인기 있었던 남성용 머릿기름은 곰 기름으로 만들어졌어요. 음, 그런데 곰은 아주 귀했지요. 그래서 정직하지 않은 상인들은 곰 기름 대신에 향수를 섞은 돼지기름을 사용했어요. 그러니까 빅토리아 시대에 어떤 사람들은 꽃다발과 소시지 샌드위치가 섞인 듯한 냄새를 풍겼을 거예요. 사람들의 의심을 사지 않기 위해 상인들은 곰 가죽을 상점에 걸어 두곤 했어요. 자기가 곰을 한 마리 잡은 척했던 거죠. 세상에!

가발

1600년대 중반 프랑스의 루이 14세와 영국의 찰스 2세는 길고 구불거리는 가발을 썼어요. 푸들 같은 그 가발은 크게 유행했어요. 하지만 패션은 변해요! 1700년대 초반에는 옆이 짧아지고 뒤는 길게 땋은 포니테일 스타일의 가발이 유행했어요. 1770년 무렵에는 가발에 흰 가루를 뿌리고 포니테일을 벨벳 주머니(뒷목에 늘어뜨린 주머니예요)에 집어넣는 것이 유행했어요. 여러분이 뒤쪽 머리카락을 책가방에 집어넣었다고 생각해 보세요!

1700년대에 유럽의 상류층 여자들은 머리 전체에 가발을 쓰지 않았어요. 그들은 가짜 머리카락을 진짜 머리카락에 붙였어요. 그러고는 핀과 숨겨진 금속 지지대의 도움을 받아 머리 위에 쌓아 올렸지요. 층층이 쌓은 머리카락은 거대한 웨딩 케이크를 닮았어요. 다른 사람들에게 자랑하기 위해 과일, 천, 깃털, 장식품을 다는 것이 유행이었죠. 프랑스의 왕비 마리 앙투아네트는 거대한 정원 모양처럼 머리를 장식했어요. 그녀의 머리는 작은 채소밭처럼 보였죠!

패션에서 앞서 나가는 사람들은 최신 뉴스를 헤어스타일에 담기도 했어요. 프랑스 해군이 영국군을 패배시켰을 때 프랑스 여자들은 머리에 전함을 올렸어요! 학교에서 시험을 잘 보았다면 머리에 성적표를 붙여 보는 건 어떨까요? 사람들이 물어보면 1700년대에는 이런 헤어스타일이 매우! 유행했다고 말해 주세요.

시리얼

하루 중 가장 중요한 식사는 아침이라는 말이 오래전부터 있었어요. 그런데 1600년대 이전에 사람들이 아침으로 무엇을 먹었는지는 잘 알려져 있지 않아요. 많은 유럽인이 아마 빵과 치즈를 먹었겠죠. 난 아침으로 꿀과 바나나를 곁들인 죽을 먹어요. 하지만 내가 여러분 나이였을 때는 달콤한 아침 식사용 시리얼을 좋아했어요. 시리얼은 맛있었지만 한 시간 후에는 배가 고팠어요(설탕 때문이었죠!). 그런데 여러분은 시리얼이 거의 우연히 만들어졌다는 사실을 아세요? 심지어 시리얼에 우유를 붓는 것도요!

우유를 넣었어요?

시리얼에 우유를 붓지 않으면 살짝 목이 마를 거예요. 그런데 전 세계 인구의 약 65퍼센트는 시리얼에 우유를 부어 먹을 수 없어요. 우유를 먹으면 속이 좋지 않거든요. 왜일까요? 과학적으로 설명해 볼게요!

모든 것은 대략 1만 1,000년 전 신석기 시대로 거슬러 올라가요. 당시 현재의 튀르키예 지역에 정착한 사람들이 있었어요. 그들은 고기, 우유, 털 등을 얻기 위해 동물을 키우기 시작했어요. 그런데 대부분의 사람들이 우유를 마시면 심한 메스꺼움을 느끼고 방귀를 뀌었어요. 일부 사람들만 그런 증상 없이 우유를 마실 수 있었어요. 그들은 우연히 돌연변이 유전자를 물려받은 덕분에 락타아제라는 소화 효소를 만들 수 있었거든요. 초능력을 주는 돌연변이는 아니에요. 락타아제는 우유의 당을 분해해서 배 속의 가스가 늘어나는 것을 막아 줘요.

이 돌연변이는 자식들에게 전해지면서 점차 전 세계로 퍼지게 돼요. 그래도 중국을 포함한 많은 나라에 사는 사람들에게는 락타아제 효소가 부족해요. 그래서 그들의 식사에는 우유가 별로 들어가지 않아요.

켈로그 형제의 전쟁

1870년대 미국 미시간 주에 존 하비 켈로그라는 유명한 의사가 살았어요. 그가 운영하는 요양 시설에는 유명인과 대통령을 포함한 많은 환자가 찾아왔어요. 존은 짭짤하고 기름진 육식 위주의 식사가 사람들을 아프게 한다고 믿었어요. 그래서 사람들에게 채소와 과일을 많이 먹고 양념이 강한 음식은 줄이라고 말했어요. 상당히 옳은 말이에요. 그렇죠? 이외에도 그는 여러 가지를 부탁했는데, 그중 어떤 것은 조금 이상했어요.

그 이상한 부탁에는 엉덩이에 요구르트 뿌리기, 전기 충격, 끊임없이 목욕하기, 음식을 40번씩 씹기, 진동 의자에 앉아 막힌 내장 풀어주기 등도 있었어요(경고! 아무것도 따라 하지 마세요. 내 생각에 음식을 40번씩 씹는 것은 위험하지 않지만 아주 따분할 거예요).

존과 동생 윌 키스 켈로그는 한꺼번에 쉽게 만들 수 있는 아침 식사로 실험을 시작했어요. 그들은 먼저 딱딱한 롤빵을 만들었는데, 어떤 여자가 그걸 먹다가 이가 부러졌어요! 별로였죠. 그다음에는 롤빵을 작은 덩어리로 갈았어요. 여전히 별로였어요! 그렇게 많은 실험 끝에 마침내 윌은 우유와 함께 먹을 수 있는 밀 플레이크를 만들었어요.

켈로그 형제는 이 플레이크에 그래눌라라는 이름을 붙였다가 곧 그래놀라로 바꿨어요. 다른 발명가가 그래눌라는 자신의 상품명이라고 항의했거든요. 100가지가 넘는 시리얼이 나오면서 아침 식사를 둘러싼 경쟁이 아주 치열해졌어요. 켈로그 형제는 영리하게도 시리얼의 원료를 더 싸고 맛있는 옥수수로 바꿨어요.

사업이 크게 성공하자 켈로그 형제 간에 싸움이 벌어졌어요. 1906년 윌은 자신의 회사를 세웠어요. 그 회사가 바로 유명한 켈로그예요. 그러자 존도 켈로그라는 브랜드를 사용했어요! 화가 난 형제는 켈로그라는 이름을 사용하기 위해 소송을 했어요. 결국 윌은 큰 부자가 되었고 많은 돈을 기부했어요. 하지만 켈로그 형제는 다시는 서로 말을 하지 않았어요.

칫솔

여러분의 칫솔은 어떻게 생겼어요? 내 칫솔은 전동 칫솔이에요. 칫솔이 입속에서 윙윙거릴 때면 간질간질하고 따끔거리지요. 많은 사람이 솔 달린 플라스틱 칫솔을 사용해요. 1938년부터 칫솔모는 종종 나일론으로 만들어졌어요. 나일론은 아주 부드러운 플라스틱의 일종이에요.

플라스틱 칫솔은 4개월에 한 번씩 바꾸어 줘야 해요. 그러면 평생 200개의 칫솔을 버리게 되죠! 슬프게도 플라스틱은 자연 속 물질처럼 박테리아에 의해 분해되지 않아요. 모든 플라스틱은 바다를 오염시키거나 쓰레기장으로 가요. 그래서 어떤 사람들은 옛날에 이를 닦은 방식에서 배울 점이 있는지 찾고 있어요. 옛날에는 어떻게 이를 닦았을까요?

나무 막대로 닦아요

석기 시대 후기인 9,000년 전에도 치과 치료가 있었어요. 당시 사람들은 이가 아프면 아픈 이에 작은 구멍을 뚫었어요. 그러고는 구멍 안에 밀랍을 채워 넣었을지도 몰라요! 아직 바퀴도 발명되기 전이었는데 정말 대단하죠. 그러면 그들은 이를 닦았을까요? 몰라요! 우리는 기껏해야 5,500여 년 전 청동기 시대의 고대 메소포타미아(지금의 이라크)에서 무슨 일이 있었는지만 알거든요. 이 똑똑한 사람들은 부드러운 나무 막대로 이를 닦았어요. 이 막대를 씹으면 끝이 너덜너덜해져서 솔이 되었거든요. 기발하죠!

전 세계 수억 명의 사람이 아직도 이 나무 막대로 이를 닦아요. 남아시아, 동아프리카, 중동 등지에 사는 많은 사람이 살바도라 페르시카라는 나무를 씹어요. 이 나무는 세균을 물리치는 데 도움이 되는 자연적인 화학 물질을 만들어 내요. 그런데 이 나무 막대로 이를 너무 세게 닦으면 잇몸이 상할 수 있어요. 하지만 잘 사용하면 이 사이에 음식이 끼거나 이가 썩는 걸 막는 데 도움이 돼요. 고대의 전통은 때로 현대의 기술만큼 훌륭할 수 있어요.

> 치과에 가지 말고 칫솔 나무를 씹으세요!

감옥에서 만든 칫솔

그러면 누가 칫솔을 발명했을까요? 이번에도 중세 중국에서 이야기를 시작할 거예요. 중국 사람들은 약 1,200년 전 당나라 때부터 칫솔을 사용했어요. 아주 뻣뻣한 돼지털로 만든 칫솔이었어요. 1700년대 후반 유럽에서 칫솔이 만들어졌을 때도 돼지털이 사용되었어요. 하지만 유럽에서 칫솔을 만든 사람은 중국 칫솔에 대해 알지 못했어요! 두 번째로 칫솔을 발명한 그의 이름은 윌리엄 애디스였어요. 그는 연구실에서 열심히 연구하는 과학자가 아니었어요. 아니, 그는 런던의 감옥에 갇혀 있었어요!

애디스가 어떤 죄를 지었는지는 몰라요. 그는 감옥에 갇혀 있는 동안 식사로 나온 돼지 뼈에 구멍을 내고 돼지털, 아니면 감방에서 사용하는 빗자루 털을 끼웠어요. 그렇게 그는 칫솔을 발명했어요(두 번째로요)! 그 뒤 애디스는 칫솔 회사를 세웠고 그 회사는 오늘날에도 남아 있어요. 그런데 사람들은 뻣뻣한 돼지털을 좋아하지 않았어요. 그보다 훨씬 더 부드러운(플라크 제거에는 별로였어요) 오소리나 말의 털을 좋아했어요. 사실 많은 사람이 털에는 전혀 신경 쓰지 않았어요. 그들은 이전의 유럽 전통에 따라 천 조각, 이쑤시개, 금속 막대로 이를 닦았거든요.

흠, 좀 크네… 작은 입속 빗자루가 필요해!

가짜 이

1900년대 이전까지는 치아 상태가 안 좋은 사람이 정말 많았어요. 입안이 깨끗하지 않았기 때문이에요. 하지만 입안을 너무 깨끗하게 하려고 신경 쓰는 경우에도 이가 빠질 수 있었어요. 금속 막대와 뻣뻣한 돼지털로 수년간 이를 쑤셨다면, 음…… 사실 인간의 입은 그런 형벌에 맞지 않았어요.

이쯤에서 가짜 이의 역사를 살펴봐야겠어요. 1700년대에 유럽과 북아메리카의 부자들은 때로 동물의 뼈와 상아로 만든 가짜 이를 샀어요. 좋은 남편을 얻으려면 좋은 이를 가져야 했기 때문에 여자들은 열여덟 번째 생일날에 가짜 이를 선물 받기도 했어요. 그러면 진짜 이를 뽑고 가짜 이로 바꾸었지요. 끔찍해요! 내 생일에는 게임기를 선물 받고 싶어요.

더욱 소름 끼치게도 이후에는 '워털루 이'라는 것이 널리 거래되었어요. 워털루 이는 (1815년 워털루 전투 같은) 전쟁 중에 죽은 군인에게서 뽑은 진짜 이였어요. 죽은 사람의 이만 사고팔린 게 아니었어요. 때로 가난한 사람들도 먹을 것과 잠잘 곳을 구하기 위해 이를 팔아야 했어요. 처참한 선택이었죠.

슬프게도 어떤 사람에게는 이런 선택의 기회조차 없었어요. 미국의 첫 대통령인 조지 워싱턴은 프랑스의 치과 의사에게 가짜 이를 만들게 했어요. 역사학자들은 그렇게 만든 가짜 이들 중에 워싱턴의 노예에게서 뽑은 이도 있었을 거라고 생각해요. 노예에게는 아무런 권리가 없었어요. 그들은 자기 몸에 벌어지는 일에 대해서도 말할 수가 없었어요. 정말 무섭죠?

치약

이를 반짝반짝 하얗게 닦고 싶다면 치약이 필요해요. 내 치약은 시원한 박하 향이에요. 치약은 이의 표면을 단단하게 해 주고 입안을 거품으로 가득 채워 줘요. 똑똑한 과학자들이 여러 원료를 잘 섞어 만든 덕분이에요. 치약에는 여러분이 생각하는 것보다 훨씬 더 오랜 역사가 있어요.

짭짤한 미소

치약이 처음 만들어진 것은 5,000년 전쯤이에요. 고대 이집트인들은 재, 태운 달걀 껍데기, 돌, 몰약(좋은 냄새가 나거든요)을 섞어서 이를 닦았어요. 그러면 시원한 박하 향이 나는 치약은 없었을까요? 1,700년 전부터 이집트에는 소금, 후추, 박하 잎, 붓꽃 뿌리로 만든 치약이 있었어요. 거친 소금과 동물의 배설물 화석과 달걀 껍데기를 갈아서 반죽하여 치아의 표면을 반짝반짝 닦아 주었어요. 한편 식물의 향기는 입안을 상쾌하게 해 주었죠. 나쁘지 않죠!

거의 800년 전에 중세 의사인 길베르투스 안글리쿠스도 옛날 치약과 비슷한 것을 권장했어요. 그는 그 치약을 씹다가 삼키라고 했어요. 현대의 치약과는 다르죠. 한편 지구의 반대편인 중세 중국에서는 짭짤한 치약을 사용했어요. 중국인들은 또한 복령이라는 스펀지 같은 버섯으로 치약을 만들었어요. 버섯 향보다는 신선한 민트 향이 났죠!

진주처럼 하얗게 닦아요

여러분의 미소가 반짝이지 않는다면 이를 하얗게 만드는 몇 가지 방법이 있어요. 로마 시대에 상류층은 가루로 만든 수사슴의 뿔로 이를 닦았어요! 하지만 수사슴을 잡을 수 없다면(수사슴은 덩치가 크고 무서웠어요) 중세에 쓰였던 방법으로 이를 닦을 거예요. 그 방법은 이랬어요.

> 초록색 껍질을 깨끗하게 제거한 호두 껍데기로 하루에 세 번 이를 닦고, 이가 잘 닦였을 때 따뜻한 와인으로 입을 헹군다. 소금을 추가할 수도 있다.

당시 유럽에는 칫솔이 없었기 때문에 이 혼합물을 천에 묻혀 이에 발랐어요.

수사슴을 찾으려면 어디로 가야 하지?

가루로 입을 씻어요!

1800년대에 영국과 북아메리카의 회사들은 이와 잇몸을 닦는 가루를 신문에 광고했어요. 가장 인기 있었던 치약 가루 중 하나는 숯과 꿀을 섞은 것이었어요. 숯은 아주 거칠어서(표면을 잘 문질러 준다는 뜻이에요) 이를 잘 닦아 주었지만 결국에는 이를 상하게 했을 거예요. 그리고 꿀은 별로 도움이 되지 않았을 거고요. 단것은 이를 썩게 하니까요!

그레그가 뽑은 최악의 치약

빅토리아 시대에 어떤 치과 의사들은 산성 물질로 이를 하얗게 했어요. 아주 위험한 일이었죠. 잘못된 산성 물질로 이를 닦는다면, 또는 순한 산성 물질이라도 이에 너무 오래 남아 있으면 이가 완전히 망가질 수 있어요. 불쌍한 환자들은 엄청난 고통을 겪었을 테고, 망가진 이는 결국 펜치로 뽑아야 했을 거예요. 진짜 아프겠죠!

이거 효과가 있는 게 확실해?

물론이지!

아름다운 검은 미소

대부분의 사람들은 하얀 이를 가치 있게 여겼어요. 하지만 전 세계의 모든 지역에서 하얀 이를 더 좋아한 건 아니에요. 동남아시아의 베트남, 태국, 네팔 같은 곳에서는 이를 검게 했어요. 특히 일본에서는 중세부터 약 100년 전까지 새까만 이가 여자들의 아름다움을 나타냈어요.

일본 여자들은 레몬 같은 산성 식품을 많이 먹어서 치아의 표면을 손상시켰어요. 그런 다음에 쌀로 만든 술, 물, 식초, 향신료, 구리, 철로 만든 진한 물약으로 이를 색칠했어요.

일본 여자들은 왜 그랬을까요? 음, 그들은 이를 검게 하는 것이 치아 건강을 지켜 준다고 믿었어요. 또한 검은 이는 하얗게 화장한 얼굴, 검게 칠한 눈썹, 붉게 칠한 뺨과 아주 강렬하게 대비되었지요. 외국인 방문객들이 그 모습에 큰 충격을 받았기 때문에 검은 이의 인기는 사그라졌어요. 하지만 오늘날에도 여전히 세계의 일부 지역에서는 이를 검게 하는 전통이 이어지고 있어요.

신선한 호흡

대부분의 사람들은 이가 더 깨끗해(또는 더 검게) 보이기를 원할 뿐만 아니라 입에서 좋은 냄새가 나기를 바랐어요. 입 냄새가 심한 사람과 입을 맞추는 것은 정말 최악이거든요! 입안의 세균이 내뿜는 나쁜 냄새를 숨기기 위해 전 세계에서 아주 다양한 약초가 사용되었어요.

중세 이탈리아의 의학 교과서에는 계피, 정향, 감송, 유향수지, 유향수, 곡물, 쑥, 게 발, 대추야자 씨앗, 올리브를 갈아서 씹으라고 나와 있어요. 이것들에서는 상당히 강한 냄새가 나기 때문에 원치 않는 입 냄새를 가리는 데 효과적이었을 거예요.

그러면 최악의 입 냄새 제거제는 뭘까요? 고대 로마 시인 카툴루스가 소개했던 스페인과 포르투갈 사람들의 입 냄새 제거제예요. 바로 자신의 오줌이었어요! 사실 카툴루스는 외국인들에 대한 나쁜 소문을 퍼뜨렸기 때문에 오줌 이야기는 사실이 아닐지도 몰라요. 하지만 오줌은 더러운 옷을 하얗게 만드는 것을 포함해서 쓰임이 많았으니, 오줌이 입 냄새 제거제로 쓰였다고 해도 별로 놀랍지는 않아요. 그래도 윽, 역겹네요!

전구

집에 몇 시간 동안 전기가 끊긴 적이 있나요? 우리 집은 그런 적이 있어요.
전기가 끊겼을 때 우리의 생활이 얼마나 빨리 엉망이 되는지 놀라울 지경이었어요.
전기가 없으면 스마트폰을 충전하지 못하고(으!), 컴퓨터도 못하고(으악!), TV도 못 보고(아이고!), 전자레인지도 못 쓰고(아, 안 돼!), 냉장고의 음식도 상하고(재앙이에요!), 난방도 안 돼요(덜덜덜!).
물론 불도 켜지 못해서 어둠 속에서 여기저기 부딪혀요(아야!).
전등은 대단한 발명품이지만 전기가 있어야 켜져요. 이제 그 이야기를 해 볼게요.

고대 전기?

인터넷을 보면 고대 이집트의 피라미드 안에 전기가 있었다거나 고대 이라크에 '바그다드 배터리'가 있었다는 내용의 동영상이 가득해요. 동영상에서는 바그다드 배터리가 전기를 발생시키는 항아리라고 주장해요. 미안하지만 전부 사실이 아니에요. 바그다드 배터리는 아마 글이 쓰인 두루마리를 넣어 두는 항아리였을 거예요. 그게 다예요.

그러나 고대인들은 정전기에 관심이 있었어요. 정전기는 머리카락에 풍선을 문질렀을 때 머리카락을 곤두서게 하는 따끔거리는 전하예요. 약 2,600년 전에 살았던 그리스 수학자 밀레토스의 탈레스에게 풍선은 없었지만(그는 파티의 광대가 아니라 진지한 수학자였으니까요) 대신 호박(나무 수액이 화석화된 일종의 보석이에요)이 있었어요. 그는 호박을 문지르면 솜털과 깃털이 달라붙는 것을 알게 되었는데 그 이유를 몰랐어요. 고대 그리스어로 호박은 '엘렉트론'이라고 해요. 태양처럼 반짝인다는 뜻이에요. 호박이 주황색을 띠기 때문이죠. 영어의 '전기electricity'라는 단어도 여기서 나왔어요.

전기를 발생시키는 동물들

고대인들은 어떤 물고기나 장어에 전기가 흐르는 것을 발견했어요. 스크리보니우스 라르구스(대단한 이름이죠!)라는 로마 의사는 환자들에게 전기가오리로 충격을 주었어요. 그러면 두통, 간질, 발 통증이 치료된다면서요. 환자의 엉덩이에 문제가 있다면 엉덩이에 전기 충격을 주었죠. 아야!

44

전기 실험

1700년대 말, 전기는 초기 과학자들의 마음을 사로잡았어요. 프로이센의 탐험가인 알렉산더 폰 훔볼트는 자신의 근육, 눈, 피부, 배, 엉덩이에 어떤 일이 일어나는지 보기 위해 반복적으로 자기 자신을 감전시켰어요. (절대 따라 하지 마세요. 정말 위험하거든요!)

같은 시기에 이탈리아의 과학자 루이지 갈바니는 개구리의 다리에 전기를 흘려서 씰룩거리게 한 실험으로 유명해졌어요. 그사이 에우세비오 발리는 개구리의 다리를 잘라 내어 철사로 함께 묶었어요. 배터리로 쓰기 위해서였죠. 그는 생물에도 자연적인 전기가 흐른다는 걸 보여 주고 싶었어요. 갈바니의 조카인 조반니 알디니는 거대한 황소의 머리에 전기 충격을 줘서 눈알을 굴리고 혀를 내밀게 했어요. 오싹해요!

무섭게도 알디니는 황소 머리 대신 죽은 사람의 머리를 사용하기 시작했어요. 그는 사람들 앞에서 이런 섬뜩한 실험을 했고 그 소문이 메리 셸리라는 똑똑하고 젊은 영국 여자에게 전해졌어요. 열여덟 살이었던 메리 셸리는 이 끔찍한 실험에서 영감을 얻어 유명한 공포 소설인 『프랑켄슈타인』을 썼어요.

배터리를 연구한 볼타

이 실험들은 생명체의 몸에 전기(동물 전기)가 흐른다는 걸 보여 주었어요. 과학자들은 다른 방법으로 전기를 만들 수 있다고 생각하지 못했죠. 그러다가 1800년에 알레산드로 볼타라는 이탈리아 물리학자가 '볼타 전지'를 만들었어요. 과자를 차곡차곡 쌓아 올린다고 상상해 보세요. 여기서 과자란 소금물에 흠뻑 적신 아연판과 구리판이에요. 전기야, 나와라! 과학의 역사에 기록된 대단한 순간이었어요. 또한 현대 배터리의 탄생을 예고한 순간이었죠.

에디슨의 전구

미국에서 최고의(그리고 가장 바쁜) 발명가 중 한 명은 토머스 에디슨이에요. 전구는 그의 발명품이고요. 1800년대 초반 이후 사람들은 전구를 만들려고 노력했고, 필라멘트라고 불리는 금속 조각에 전기가 흐르게 함으로써 하얗게 달아오르게 했지요. 문제는 필라멘트가 집에서 쓰기엔 너무 밝고 너무 빨리 타 버린다는 것이었어요.

에디슨은 3,000개의 전구 디자인과 6,000가지 이상의 필라멘트 원료를 실험했어요. 1879년 에디슨은 태운 면실로 필라멘트를 만들기로 했어요. 면실은 부드럽고 밝게 탔어요. 빨리 꺼지지도 않았어요. 성공! 그사이 영국의 과학자 조지프 스완도 탄소 필라멘트 전구를 만들었어요. 이에 화가 난 에디슨은 자신의 아이디어를 훔쳤다며 스완에게 소송을 걸려고 했지요. 하지만 그들은 결국 힘을 합치게 돼요. 여기서 또 다른 발명가 루이스 래티머 이야기를 해야겠네요. 젊은 특허 전문가인 래티머는 당시 에디슨의 경쟁자(에디슨에게는 경쟁자가 많았어요) 밑에서 일하고 있었고 필라멘트 제조법을 크게 발전시켰어요. 에디슨은 래티머의 능력을 알아보고 자신의 직원으로 고용했어요. 그런데 어떻게 전기가 사람들의 집에 들어와 전구를 밝혔을까요? 전구를 개구리 다리 배터리에 꽂지도 않았는데!!

전기 전쟁

에디슨은 1882년 뉴욕에서 세계 최초의 전기 발전소를 지었어요. 수천 개의 전구를 밝힐 수 있는 발전소였어요. 이때 에디슨이 집으로 전기를 보내는 방식은 직류DC였어요. 돈이 많이 들고 구리 전선도 많이 필요하고 도시 주위에 발전소를 많이 지어야 하는 방식이었죠. 에디슨은 또 다른 천재인 니콜라 테슬라와 경쟁 관계였어요. 테슬라가 집으로 전기를 보내는 방식은 교류AC였는데, 직류보다 돈을 적게 들이고도 강력한 전류를 멀리까지 보낼 수 있었어요. 똑똑한 사업가 조지 웨스팅하우스가 테슬라의 연구를 사들였고 에디슨의 회사에 도전했어요. 누가 미국의 전깃불을 지배하게 될지 두고 보자면서요.

에디슨은 교류는 위험하다면서 길고양이와 개들을 교류로 죽이는 모습을 기자들에게 보여 주었어요. 심지어 그는 단어도 만들었지요. 전기에 감전되는 것을 뜻하는 '웨스팅하우스 당하다'라는 단어였어요. 못된 작전에도 불구하고 에디슨은 지고 말았어요. 웨스팅하우스의 기술이 더 좋았기 때문이죠. 1893년, 가정에서는 직류가 아닌 교류가 쓰였어요. 너무했네요, 에디슨 씨!

우비

이제 학교로 출발할 시간이 다가와요. 그런데 멀리서 우르릉거리는 천둥소리가 들리네요. 오늘은 날씨가 꽤나 축축할 것 같아요. 옷을 갈아입어야겠어요. 한번 살펴볼까요?

휘이!

비옷

빗속으로 나가야 한다면 방수 코트를 추천해요. 1,000여 년 전 중세 유럽인들은 날씨가 나쁠 때 주로 모직 옷을 입었어요. 모직은 비에 젖어도 따뜻했거든요. 당시 사람들은 끔찍한 감기에 걸리지 않는 이상 젖은 채로 돌아다녔어요. 한편 고대 이후 일본 사람들은 놀랍게도 볏짚을 엮어 옷을 만들었어요. 눈비와 추위를 막아 주는 두툼하고 자연적인 모자와 망토였어요. 이것을 입으면 허수아비처럼 보일 수도 있지만, 솔직히 뽀송뽀송하고 따뜻하다면 무슨 상관이겠어요?

아노락과 파카

파카와 아노락은 모자가 달린 현대적인 겉옷이에요. 둘 다 추운 북극권에 사는 원주민이 입었던 전통적인 겉옷에서 유래했어요. 이 옷은 몸에 딱 붙고, 털 달린 모자가 있고, 아주 따뜻했어요. 물개나 순록의 가죽으로 만들고 물고기 기름을 바른 덕분에 방수도 되었어요. 파카는 누나부트 준주(캐나다 북부)에 사는 키발리르미우트 사람들이 사용하는 이름인 반면 그린란드의 이누이트족은 아노락이라는 이름을 더 좋아했어요. 이 옷들은 대개 디자인이 같았어요. 하지만 여러분이 외투를 하나 사야겠다면 아노락은 단추가 없는 반면 파카는 단추가 있다는 것을 기억하세요. 아노락anorak이라는 단어는 뭔가에 흠뻑 빠진 사람을 의미하기도 해요. 그래서 여러분에게 이 단어를 설명하려니 나도 아주 아노락 아노락하게 되는군요!

그건 파카야!

아냐, 아노락이야!

미스터 맥

비옷은 다른 이름으로도 불려요. 바로 '맥'이에요! 1823년 방수 코트를 발명한 스코틀랜드 발명가이자 화학자인 찰스 매킨토시의 이름에서 나온 거예요. 그는 섬유와 섬유 사이에 녹인 고무를 넣었어요. 그렇게 만든 코트는 뻣뻣했어요. 게다가 더운 여름에는 녹아내리고 아주 역겨운 냄새를 풍겼어요. 그래서 비좁은 객차에 맥을 입은 사람이 타면 다른 승객들이 쫓아냈어요. 밀폐된 공간에서는 그 냄새가 정말 지독했거든요!

1839년에는 열을 가하는 새로운 기술이 개발되었어요. 이 기술이 모든 문제를 해결해 주었죠. 비옷의 인기가 높아졌다는 말이에요. 매킨토시의 회사는 오늘날에도 운영되고 있어요.

웰리 부츠

커다란 물웅덩이를 지나야 한다면 웰리가 필요해요! 영국에서는 '웰리' 또는 '웰링턴 부츠'라고 부르지만 다른 나라 사람들에게는 그냥 고무장화겠죠. 이 부츠는 1815년 워털루 전투에서 나폴레옹을 무찌른 유명한 공작의 이름을 딴 거예요. 웰링턴은 거의 무릎까지 오는 멋진 승마용 장화를 신는 것으로 유명했어요. 모두가 전쟁 영웅인 그를 따라 하고 싶어 했기에 장화가 유행했어요.

사실 그의 장화는 부드러운 가죽으로 만들어졌어요. 1850년대 중반까지는 고무로 장화를 만들지 않았어요. 그러다가 열을 가하는 기술(찰스 매킨토시의 냄새나는 비옷도 바꿔 주었죠)이 개발되었어요. 그 덕분에 고무장화를 신고 진흙탕을 첨벙거리며 돌아다녀도 양말이 젖지 않았어요. 하지만 웰링턴 공작은 고무 웰리를 보지 못했어요. 1852년에 세상을 떠났거든요.

내가 나폴레옹에게 부츠를 주었지!

내 우산 아래에서

머리에 비가 떨어지지 않게 막아 주는 기발한 우산을 생각해 낸 것은 4,000여 년 전 고대 이집트인과 바빌로니아인이에요. 그들은 아주 더운 나라에 살았기 때문에 왕의 머리 위로 쏟아지는 햇빛을 막기 위해 파라솔을 사용했어요. 이 파라솔을 우산으로 바꾼 것은 아마도 2,000년 전 중국인일 거예요.
처음에 중국인들은 비단으로 우산을 만들었다가(아주 튼튼해요) 몇 세기 후에는 종이로 만들었어요. 우산이 젖어 망가지는 것을 막기 위해 중국의 종이우산에는 기름과 물감이 칠해졌어요. 덕분에 해가 뜨든 비가 오든 사용할 수 있었지요. 필요 없을 때는 우산을 접어 둘 수도 있었어요. 멋지죠!

이탈리아인과 프랑스인은 우산을 받아들인 최초의 현대 유럽인이었어요. 1710년에 프랑스 발명가 장 마리우스가 중국 우산처럼 손에 잡히는 크기로 줄어드는 기발한 접이식 우산에 대한 특허(자신의 발명을 등록했다는 의미예요)를 신청했어요.

1700년대에 조너스 한웨이라는 사람이 영국에 우산을 들여왔어요. 영국인들은 바보 같은 겁쟁이 프랑스 패션이라고 놀려 댔지요. 특히 그는 마부와 가마꾼의 미움을 받았어요. 마부와 가마꾼들은 그에게 욕을 하고 쓰레기를 던졌어요. 왜 그렇게 화가 났을까요? 비가 오면 사람들이 비에 젖지 않으려고 마차나 가마를 많이 이용했는데, 한웨이의 우산 덕분에 마차나 가마를 타지 않아도 비에 젖지 않고 걸어 다닐 수 있었거든요.

우산에 대한 거부감이 점점 줄어들면서 1800년대 중반에는 우산이 흔해졌어요. 심지어 예의 바르게 우산을 빌리는 방법까지 알려 주었어요. 1800년대에 우산과 관련된 상당히 재미있는 발명품들(내가 가장 좋아하는 건 실크 모자 안에 든 우산이에요!)이 나왔는데도 크게 유행하지는 않았어요. 1710년에 발명된 장 마리우스의 우산에서 별로 바뀌지 않았던 거죠.

신발

내가 여러분의 나이였을 때는 검은 끈이 달린 검은 신발을 신고 학교에 갔어요. 축구를 하면서 발가락을 자주 다쳤지요. 그런데 우리는 언제부터 신발을 신었을까요? 좋은 질문이에요! 내 대답은…… 음, 모르겠어요. 미안해요!

문제는 자연에서 얻은 재료는 쉽게 썩기 때문에 수천 년 동안 남아 있지 않다는 거예요. 어떤 고고학자들은 4만 년 전쯤부터 신발을 신었을 거라고 말해요. 선사 시대의 해골을 연구해 보니 사람들의 엄지발가락이 갑자기 약해진 것으로 드러났어요. 신발이 충격을 흡수해서 뼈가 그렇게 강할 필요가 없었던 게 아닐까요? 멋진 생각이에요!

석기 시대의 신발

지금까지 발견된 신발 중에 가장 오래된 것은 1만 500년이나 되었어요. 우와! 미국 오리건 주의 포트록 동굴에서 발견되었고 고대 아메리카 원주민들이 신은 신발이었어요. 이 원주민들의 후손(클라마스족)은 오늘날에도 여전히 같은 땅에서 살고 있어요. 어쨌든 고대 아메리카 원주민이 신은 튼튼한 샌들은 산쑥 껍질을 꼬아서 만들었죠. 산쑥은 오리건 주의 건조한 고지대 사막에서 잘 자라요.

아메리카 원주민은 많은 부족으로 나뉘고 각각의 부족은 자신들만의 언어, 영토, 전통을 가졌어요. 하지만 신발은 사슴 가죽으로 만든 슬리퍼를 포함해 비슷한 것을 신었죠. 알곤킨족의 언어로 이 슬리퍼는 '마카신'이라고 불렸어요. 1600년대 초 아메리카 대륙에 들어온 유럽의 식민지 개척자들이 이 단어를 가져다 썼고, 이제 여러분은 신발 가게에서 편안한 모카신을 살 수 있답니다. 물론 산쑥으로 만든 고대의 샌들은 아니지만요. 아쉽네요!

끝이 뾰족해요

신발은 물웅덩이, 날카로운 자갈, 더러운 개똥에서 우리 발을 보호해 주는 물건이에요. 또한 신발은 우리가 어떤 사람인지, 지갑에 돈을 얼마나 갖고 있는지를 넌지시 알려 줘요.

그중 특이한 신발은 '풀레느' 또는 '크라코'(이 신발이 유래한 폴란드 도시의 이름을 붙였어요)예요. 1400년대에 이 신발은 부유한 유럽 귀족들 사이에서 크게 유행했어요. 풀레느는 앞코가 발보다 5인치(약 12.7센티미터) 더 튀어나와 있었어요. 이 뾰족한 앞코가 헐렁대지 않도록 천, 머리카락, 모직 등을 채워 넣었고요. 그래서 이 신발을 신으면 휘청대는 광대처럼 걸어야 했을 거예요. 남자들은 넘어지지 않기 위해 뾰족한 앞코를 비단이나 사슬로 무릎에 묶었어요. 이 신발은 순전히 남에게 보여 주기 위한 것이었어요. 그래서 어떤 종교인들은 이 신발을 불쾌하게 여겼지요. 결국 영국의 에드워드 4세는 이 신발을 신지 못하게 하는 법을 통과시켰어요.

패션의 절정

1400년대에 부유한 남자들의 신발이 점점 길어졌다면 부유한 이탈리아 여자들의 신발은 점점 높아졌어요. 여자들은 가장 길고 아름다운 드레스를 입음으로써 자신이 얼마나 부자인지 자랑하고 싶어 했어요. 긴 드레스를 입기 위해 땅 위로 높이 올라서야 했던 베네치아의 상류층 부인들은 '초핀'이라 불리는 굽이 높은 신발을 신었어요. 때로는 굽이 50센티미터나 되어서 친구가 옆에서 잡아 줘야 걸을 수 있었어요! 이런 신발을 신으면 말을 탄 것 같지 않았을까요?

중세 유럽에서는 또 다른 형태의 하이힐이 등장했어요. 진흙과 똥으로 덮인 대도시의 거리를 걷기에 알맞은 나무 샌들이었어요. 이건 발보다 신발을 위한 신발이었어요! 사람들은 멋진 신발을 덧신의 끈 안에 끼워 넣고 발을 땅보다 몇 센티미터 높게 해서 돌아다녔어요. 그러면 망토와 스커트가 땅 위의 쓰레기에 닿지 않았어요. 똑똑하죠!

19 우편함

아침에 집을 나서려다가 우편함에 우편물을 넣으려는 우체부 아저씨와 마주친 적이 있나요? 때로 나는 집 안에서 우편함 밖으로 불쑥 손을 내밀어, 우체부 아저씨의 손에서 우편물을 낚아채고 싶어요. 마치 피자 메뉴판과 전기 요금 고지서를 먹는 기괴한 좀비가 우리 집 현관에 살고 있는 것처럼 말이죠. 우편함의 역사는 이 책에 나오는 다른 물건들보다 짧아요. 왜 그런지 살펴볼까요?

하루에 열두 번씩

1800년대 런던의 우체부는 하루에 한 번이 아니라 열두 번씩 우편물을 배달했어요. 친구(적)가 많은 사람은 시간마다 우편물을 받을 수 있었죠. 영국의 다른 대도시에서는 하루에 여섯 번씩 우편물을 배달했지만 그 정도도 정말 대단한 거예요!

끊임없이 문을 두드리는 것은 조금 짜증 나는 일이라서 1840년대 후반 영국에 새로운 발명품이 등장했어요. 그것은 바로 우편함이었어요. 우편함은 우체부가 집주인을 성가시게 하지 않고 편지를 밀어 넣을 수 있도록 문에 만든 기다란 구멍이나 문밖에 달린 작은 상자였어요.

참 귀찮게 하는군!

똑똑, 누구세요?

우체부가 얼굴을 마주 보고 직접 배달해야 할 때는 특별한 방식으로 문을 두드렸어요. 1800년대 가장 화려한 집에 살던 부유한 사람들에게는 손님을 맞는 집사 등 하인이 많았어요.
1837년 런던을 방문한 이탈리아 사람이 자신의 여행 안내서에 이렇게 썼어요. '문을 두드리는 태도는 그 사람의 인격을 보여 준다.' 하인이나 집사는 문 두드리는 소리를 듣고 누구인지 알았어요. 너무 조용히 문을 두드리면 들리지 않고, 너무 크게 두드리면 예의 없게 여겨졌어요.

우유 배달원, 석탄 배달부, 하인, 거지는 문을 한 번 두드려야 했어요. 우체부는 문을 두 번 두드려야 했어요. 그 집에 살지만 열쇠가 없는 사람은 문을 세 번 두드렸어요. 문을 네 번 두드린 다음 다시 네 번 두드리는 것은 아주 중요한 사람이 밖에 있다는 뜻이었어요. 만일 방문객의 하인이 문을 잘못 두드렸다면 즉각 쫓겨났어요! 물론 여덟 번 이상 문을 두드린다면, 그건 아마 심한 혼란에 빠진 딱따구리였을 거예요.

전통 우편

대도시에서 우편물은 규칙적으로 배달되었어요. 하지만 도로 상태가 정말 엉망이었던 1700년대에 글래스고에서 런던까지 약 644킬로미터를 말을 타고 달려서 편지를 배달하려면 2주 정도 걸렸어요. 2,500년 전의 강력한 제국이었던 페르시아와 비교해 볼까요? 고대 페르시아에서는 편지가 단 1주일 만에 2,575킬로미터를 이동할 수 있었어요!

중세 중국도 그만큼 놀라워요. 1300년대에 원나라의 파발꾼은 하루에 402킬로미터를 갈 수 있었어요. 역참에서 새로운 말을 끊임없이 갈아탄 덕분에 파발꾼의 말은 헉헉대며 달리지 않았어요. 중국은 정말 땅이 넓은데도(960만 제곱킬로미터쯤 돼요!) 아주 멀리 있는 곳에 2주일이면 소식을 전할 수 있었죠.

우편 요금

놀랍게도 200년 전 영국에서는 편지를 보내는 사람이 요금을 내지 않았어요. 대신 편지를 받는 사람이 마지못해 요금을 냈어요. 그래서 편지를 잔뜩 보내 누군가를 괴롭힐 수도 있었어요! 게다가 편지가 더 멀리 갈수록, 또한 여러 장일수록 요금이 더 비쌌어요. 돈을 아끼기 위해 사람들은 '크로스 라이팅'이라는 방법으로 편지를 썼어요. 글을 왼쪽에서 오른쪽으로 쓴 다음 다시 위에서 아래로 쓰는 방법이었어요. 아주 헷갈리는 십자말풀이 퀴즈처럼 위에서 아래로 적은 문장과 왼쪽에서 오른쪽으로 적은 문장이 동시에 있었다는 뜻이에요. 어떤 사람들은 자신이 얼마나 부유한지 자랑하기 위해 편지지에 글씨를 크게 쓰고 빈 자리도 많이 남겼어요.

이 모든 일은 1840년대에 멈추었어요. 롤런드 힐이 페니 블랙 우표를 만들었거든요. 어떤 크기의 편지든 이 우표를 붙이면 영국 어디에든 배달되었어요. 우표의 등장은 아주 중요했어요. 수백만 명의 평범한 사람들이 영국을 가로질러, 그다음에는 세계를 가로질러 더 쉽게 연락할 수 있었어요. 또한 여왕의 얼굴 뒤를 혀로 핥을 수도 있었죠. 그래도 벌을 받을 일은 없었어요!

자동차

학교에 지각할 것 같나요? 그러면 자전거를 타지 말고 다른 방법을 찾아야 해요! 차를 얻어 타고 자전거는 트렁크에 실어요. 그러면 집으로 돌아올 때는 자전거를 탈 수 있어요. 자동차 뒷좌석에 편안히 앉아 있으면 자동차가 현대적 발명품이라는 사실이 아주 생생하게 느껴져요. 특히 1960년대 이후에 나온 안전벨트 같은 것들이 그런 느낌을 주죠. 나는 '현대적'이라고 말했어요. 이 책에 나오는 많은 것이 수천 년 전부터 쓰였기 때문이죠. 하지만 자동차는 여러분이 생각하는 것보다 오래되었고, 최초의 자동차는 꽤 특이했어요.

최초의 차

그러면 차란 뭘까요? 음, '차car'는 800년 된 단어이고 원래 바퀴가 달린 이동 수단을 뜻했어요. 가장 흔한 것은 말이 끄는 마차였어요. 1800년대 후반에 등장한 모터 달린 차는 종종 '말 없는 마차'라고 불렸어요.

1600년대 이후 엔진이 달린 탈것에 대한 아이디어들이 나왔지만 제대로 된 차는 1885년에 처음 나왔어요. 독일의 발명가 카를 벤츠가 만든 것이었어요. 그 차는 바퀴가 세 개였고 지붕도 문도 운전대도 없었어요! 단지 작은 엔진을 달고 푹신한 의자를 올린, 커다란 세발자전거였어요. 운전자는 틸러(손잡이가 있는 기다란 막대)로 차를 운전했어요. 틸러는 대개 배를 조종할 때 쓰였어요. 왼쪽으로 가려면 오른쪽으로, 오른쪽으로 가려면 왼쪽으로 당겨야 했죠. 평평한 길에서 틸러는 문제없이 움직였어요. 하지만 차가 움푹 파인 곳에 빠지면 운전자가 틸러를 놓쳐 버려 충돌 사고가 나곤 했어요. 이런!

차를 만드는 사람들은 얼마 지나지 않아 세발자전거에 바퀴를 하나 더 달았어요. 그리고 1894년에는 다섯 번째 바퀴를 달았어요. 바로 운전대예요! 운전대 덕분에 충돌 사고는 줄었지만 대신 두 손으로 운전을 해야 했어요.

그레그가 뽑은 최고의 벤츠

카를 벤츠가 살던 지역의 신문에 이런 기사가 실렸어요.
'그의 차는 쓸모없고 터무니없고 어처구니없다.
말이 있는데 누가 그런 것에 관심을 가질까?'
하지만 사람들은 관심을 가졌어요.
특히 벤츠의 아내인 베르타와 10대인 두 아들이
오랫동안 차를 타고 다니면서
얼마나 편리한지 보여 주었죠.

움직여라

놀랍게도 초기의 자동차는 휘발유로만 움직이지 않았어요. 1894년 파리에서 루앙까지 달리는 최초의 자동차 경주에서 우승한 것은 쥘 알베르 백작이 운전한 증기차였어요. 2등은 푸조가 만든 휘발유 차였어요. 그 외에도 중력, 압축 공기, 가스, 프로펠러, 지렛대, 액체, 그리고 무엇보다 놀랍게도 전기에서 동력을 얻는 다양한 엔진이 나와 있었어요.

우리는 전기 차가 현대의 공학 기술이 내놓은 위대한 작품이라고 생각하지만, 전기 배터리는 이미 1890년대에 사용되었어요! 미국의 위대한 발명가 토머스 에디슨은 전기 차를 대량 생산하려 했어요. 이 차는 시끄럽지 않고 옷에 휘발유 냄새가 배지 않아서 특히 여자들이 좋아했어요. 그런데 불행히도 배터리를 완성하는 동안 원유가 아주 저렴해졌고 땅에서 뽑아내기도 쉬워졌어요. 게다가 헨리 포드는 유명한 포드 모델 T를 만들었지요. 포드 모델 T는 공장에서 대량 생산된 최초의 차였고 휘발유로 움직였어요. 값도 적당하고 안전한 포드 모델 T는 1908년부터 1927년까지 1,500만 대가 팔리면서 미국에서 가장 인기 있는 자동차가 되었어요. 전기 차는 포드 모델 T와의 격차를 따라잡을 수 없었어요. 유감이에요. 에디슨의 배터리가 성공했다면 세상은 얼마나 달라졌을까요?

운전법

1896년까지 영국의 제한 속도는 얼마였을까요? 시속 6.4킬로미터였어요! 혼잡한 도시에서는 겨우 시속 3.2킬로미터였고요. 기어가는 수준이었죠. 이 제한 속도는 원래 증기 트랙터에 맞춰 정해진 것이었어요. 느긋하게 길을 걷는 사람들에게 경고하기 위해 칙칙 소리를 내는 증기 트랙터 앞에서 빨간 깃발을 흔들며 걸어가는 사람도 필요했지요. 1896년에는 제한 속도가 시속 22.5킬로미터까지 올라갔어요(여러분이 나만큼 나이 들고 지쳤다면 달리기에 적절한 속도예요). 이제 자동차에는 경적이 달렸고 깃발 든 사람들은 집에 가서 쉴 수 있었어요.

로마의 교통 체증

2,000년 전 고대 로마에도 차 앞에서 걸어가는 사람이 있었어요. 아주 부유한 로마인들은 수레를 타고 이동할 때 먼저 하인을 보내어 길을 비우거나 사람들의 이동을 막았어요. 하인들이 마치 신호등인 것처럼요. 그러면 지루한 교통 체증에 갇히지 않아도 되었죠. 특히 로마는 일방통행 도로가 많아서 교통 문제가 심각했어요. 그래서 율리우스 카이사르와 클라우디우스 황제는 특정 시간에 수레를 다니지 못하게 하는 법을 통과시켰어요. 걸어 다니는 사람들에겐 좋은 법이었죠. 하지만 물건, 건축 자재, 음식을 나르는 사람들은 밤늦게 또는 새벽에 서로 거칠게 밀고 밀리며 움직여야 했어요. 짜증 나는 하루의 시작 또는 끝이었죠.

필통

휴! 교통 체증을 피해 제시간에 학교에 도착했어요. 1교시가 시작되기 전에 수업에 필요한 물건을 빠뜨리진 않았는지 확인해야겠어요. 먼저 필통을 열어 보고 문구류가 얼마나 오랜 역사를 가졌는지 살펴봐요!

연필

연필은 1500년대 중반에 발명되었어요. 컴벌랜드(북서 잉글랜드) 사람들은 폭풍에 찢긴 나무 아래에서 기이하고 검고 부드러운 바위층을 발견했어요. 흑연이었어요. 부드럽고 매끄러운 흑연은 탄소로 구성되어 있어요.

처음에 흑연은 '검은 납' 또는 '석묵'이라고 불렸어요. 컴벌랜드 농부들은 양을 도둑맞지 않기 위해 양에 흑연으로 표시를 해 두었어요. 곧 흑연은 양 이외에 다른 것들에도 뭔가를 표시하기 위해 쓰였어요. 예술가들은 흑연으로 스케치를 했어요. 영어로 연필을 뜻하는 '펜슬pencil'은 사실 얇은 붓을 부르는 오래된 단어였어요. 사람들은 검은 얼룩이 손에 묻지 않도록 나뭇가지, 잎, 줄, 종이로 흑연을 감쌌어요.

연필 필요해요? 우리에게 수백만 자루가 있어요!

1700년대에 목수들은 나무로 흑연을 감싸는 방법을 알아냈어요. 요즘의 연필과 비슷한 모습이었죠. 다른 나라(프랑스, 독일, 미국)에서는 점토와 흑연을 섞어 연필을 만들었지만 컴벌랜드 연필이 여전히 최초이고 최고였어요. 슬프게도 1800년대 후반 컴벌랜드 탄광에서는 더 이상 흑연이 나오지 않았고 조지프 딕슨이라는 미국인이 최고의 연필 제조업자가 되었어요. 1910년대에는 해마다 7억 5,000만 자루의 연필이 만들어졌어요(그걸 세는 일을 하고 싶진 않겠죠?). 거리의 자동판매기에서 연필을 살 수도 있었어요. 연필이 부러졌을 때 무척이나 편리하겠죠?

실수 지우기

뭔가를 잘못 썼을 때 종이를 구겨 버리고 처음부터 다시 쓰려면 짜증이 나요. 1950년대 미국에서 비서로 일하던 베트 네스미스 그레이엄은 전동 타자기를 아주 빠르게 쳐야 했어요. 실수로 글자를 잘못 치면 매우 힘들었어요. 그래서 그녀는 실수를 지워 주는 하얀 수정액을 만들어 몇 년 동안 사용했어요. 그런데 친구들이 자꾸 수정액을 빌려 달라고 하자 그녀는 수정액이 대단한 물건이라는 사실을 깨달았어요. 1956년에 그녀는 리퀴드 페이퍼라는 회사를 세웠어요. 고마워요, 베트!

물론 연필로 쓰다가 실수를 한다면 지우개로 쉽게 지울 수 있어요. 지우개는 1770년 영국의 과학자 조지프 프리스틀리가 만들었어요. 그는 영어로 지우개를 뜻하는 '러버rubber'라는 단어도 만들었어요. 사실 지우개의 원료는 고무라는 식물에서 나왔어요. 그런데 자연 상태의 고무는 얇게 벗겨지는 단점이 있었어요. 다행히 1839년에 찰스 굿이어라는 사람이 고무를 강화하는 방법을 개발했어요(웰리와 맥이 기억나나요?). 이 방법은 고무를 강하고 탄력 있게 했어요. 1858년에는 지우개가 달린 연필이 나왔어요. 지우개가 달린 연필은 오늘날에도 쓰여요.

1미터는 얼마나 길까요? 7년!

자는 직선을 긋거나 거리를 재는 데 쓰여요. 거리를 잰다니, 흥미롭죠? 그러면 1센티미터가 어느 정도의 길이인지는 누가 정했을까요? 1인치가 어느 정도의 길이인지는 누가 정했을까요? 1미터는요? 이 질문들에는 내가 대답해 줄 수 있어요.

1792년(프랑스 혁명 이후 똑똑한 사람들이 새로운 사상을 탐구하고 있었어요) 프랑스 과학자들은 북극에서 적도(지구의 중심을 통과하는 선)까지 거리의 1,000만 분의 1을 1미터로 정했어요. 북극에서 적도까지의 거리를 측정하기 위해 두 명의 천문학자가 서로 다른 장소에 보내졌어요. 한 명은 스페인의 바르셀로나로, 다른 한 명은 프랑스의 됭케르크로. 이 두 장소는 1,000킬로미터나 떨어져 있어요. 두 천문학자를 보낸 덕분에 수학자들은 북극까지의 거리를 알아낼 수 있었어요. 불행히도 두 천문학자는 수상한 측량 기계를 들고 다녔기 때문에 간첩 혐의로 계속 체포되었어요. 1년이면 일이 끝날 줄 알았는데, 그들은 7년 만에야 파리로 돌아왔어요! 1799년에 마침내 1미터의 길이가 정해지고, 정확히 1미터 길이의 금속 막대가 만들어지면서 과학자들은 측정의 표준 단위로 미터를 사용할 수 있게 되었어요.

그레그가 뽑은 최고의 인간 자

고대인들은 인간의 몸을 활용해 길이를 쟀어요. 5,500년 전쯤에 이집트인들은 큐빗이라는 단위를 사용했어요. 사람의 어깨에서 가운뎃손가락 끝까지의 길이였어요. 그리스인들은 인간의 발(피트)을 활용했고 로마인들은 1피트를 12언시아로 나누었어요(여기서 인치라는 단위가 나왔어요). 30센티미터는 원래 2,000년 전 보통 사람의 신발 크기였어요.

얼마나 크죠?

이만큼 커요!

오슬로 대학교, 1940년

종이 클립

우리가 아는 클립은 이중의 금속 고리가 있고 1890년대 미국에서 만들어졌어요. 그 이전인 1867년에는 더 조잡한 형태의 클립이 만들어졌어요. 아, 그리고 세 번째 유형의 클립은 1901년 노르웨이 사람인 요한 발러가 만들었지만 성공하지는 못했어요. 그럼에도 노르웨이에서 그는 이중 고리 모양의 종이 클립을 발명한 것으로 유명해졌어요. 잠깐만요, 뭐라고요?!

음, 1940년 노르웨이는 독일군의 침략을 받았어요. 당시 독일군은 사악한 나치 지도자인 아돌프 히틀러에게 충성하고 있었죠. 나치는 유대인, 공산주의자, 장애인, 동성애자, 집시 등을 체포해 죽이거나 무시무시한 강제 수용소로 보냈어요. 이 일은 독일과 나치가 침략한 프랑스 같은 나라들에서 벌어졌어요(프랑스 출신인 내 증조할아버지와 고모할머니도 이 잔악무도한 행위의 희생자였어요). 노르웨이 사람들은 나치처럼 행동하라는 명령을 받았어요.

용감한 오슬로 대학교 학생들은 그 명령을 따르지 않았어요. 그들은 자신들의 저항을 조용히 알리기 위해 클립을 달고 다녔어요. 클립이 종이를 하나로 잡아 주듯이 자부심 강한 노르웨이 사람들은 하나로 뭉칠 것이라는 표시였죠. 정말 놀라운 생각이죠! 제2차 세계 대전 이후 이 일에 대해 조금 혼란이 생겼어요. 노르웨이 사람인 요한 발러가 클립을 만들었기 때문에 클립이 단결의 상징으로 쓰였다는 거죠. 그렇게 요한 발러는 자신이 만들지도 않은 클립을 만든 사람이 되었어요. 심지어 그를 기리는 거대한 종이 클립 동상도 있지만 그건 그가 만든 것이 아니에요! 사실 중요한 건 저항 정신인데…….

종이

난 모든 글을 컴퓨터로 써요(당연히 이 책도 마찬가지고요. 그러지 않았다면 손이 엄청 아팠을 거예요). 하지만 종이는 여전히 아주 흔해요. 책, 신문, 잡지, 광고지, 예술 등에 사용되죠. 확신하건대, 여러분 중 많은 친구들은 숙제도 종이에 할 거예요. 하지만 글쓰기는 종이보다도 오래되었어요. 종이가 없었던 옛날에 사람들은 어디에다 글을 썼을까요?

점토판

글쓰기는 한 번이 아니라 최소한 네 번 발명되었어요(메소포타미아, 이집트, 중국, 중앙아시아에서요). 글쓰기를 최초로 발명한 사람들은 5,200년 전 메소포타미아(지금의 이라크)의 수메르인이에요. 그들의 글자는 설형 문자라 불렸고 알파벳과 달랐어요. 설형 문자는 사람들이 사고파는 물건들을 기록했죠. 그 덕분에 소를 사면 소 모양의 표식을 받는 오래된 전통이 사라졌어요. 처음에 설형 문자는 회계를 위한 것이었어요. 지루해요! 하지만 700년 후에 설형 문자는 더 복잡해져서 이름과 장소를 나타낼 수도 있었지요. 사람들이 신들, 괴물들, 영웅적인 왕들에 대한 놀라운 이야기를 쓸 수 있게 되었다는 뜻이에요.

설형 문자는 종이에 쓰이지 않았어요. 쐐기 모양의 바늘(갈대 펜)로 사각형의 부드러운 점토판에 글자를 새겼어요. 그 점토판은 화덕에서 구운 것이었어요. 고고학자들은 4,000년도 넘은 수만 개의 점토판을 발견했어요. 작은 홈집투성이의 점토판들은 이빨 자국이 잔뜩 남은 강아지 비스킷처럼 생겼지만, 사실 중요한 고대 문서예요!

파피루스에서 초기 종이까지

수메르인들의 뒤를 이어 고대 이집트인들은 상형 문자를 만들었어요. 그들은 무덤 벽뿐만 아니라 파피루스에도 글을 썼어요. 파피루스는 나일 강 근처에서 자라는 식물이었어요. 이집트인들은 파피루스 줄기를 길게 잘라 십자형으로 늘어놓은 다음 두들겨서 말리고는 거기에 검은색과 빨간색 잉크로 글을 썼어요.

파피루스에서 종이라는 뜻의 영어 단어 '페이퍼paper'가 나왔지만, 사실 파피루스는 종이와 달라요. 종이는 2,000여 년 전 중국에서 만들어졌어요. 이후 서기 105년에 채륜이 누더기, 고기잡이 그물, 식물성 섬유 같은 것들을 짓이겨서 종이를 만들었어요. 나중에는 면과 리넨 섬유로 종이를 만들었죠. 종이는 700년대에 중동을 지나 유럽으로 전해졌어요.

염소 위에 쓰다

중세 유럽에서 종이는 인기가 없었어요. 사람들은 양피지와 벨럼을 더 좋아했어요. 양피지와 벨럼은 무엇으로 만들었을까요? 답은…… 죽은 동물이에요! 네, 양피지는 양과 염소의 가죽을, 벨럼은 송아지 가죽을 얇게 늘려서 만들었어요. 양피지는 비교적 저렴했던 반면 벨럼은 부드럽고 비싸고 질이 좋았어요. 나는 800년 전에 만들어진 책들을 본 적이 있어요. 이 책들의 페이지에는 때로 가죽을 늘린 흔적이 남아 있었어요.

분명히 죽은 동물의 가죽은 피로 덮여서 역겨웠을 거예요. 옛날 사람들은 이 가죽을 하루 동안 물에 담가 두었어요. 그러고는 석회로 털을 제거했어요. 여기까지 1주일 이상이 걸렸어요. 사람들은 털이 없는 가죽을 틀 위에 펼치고 그 위에 다양한 가루를 뿌려서 기름을 흡수시켰어요(그러면 잉크가 흐르지 않아요). 그런 다음 밀가루, 달걀, 석회 같은 것으로 문질러서 가죽의 색이 옅어지도록 했어요.

세계를 정복한 종이

그러면 유럽에서는 어떻게 종이가 양피지를 대신하게 되었을까요? 독일 발명가 요하네스 구텐베르크 덕분이에요. 그가 1450년대에 발명한 인쇄기는 활판을 사용해 대량으로 인쇄할 수 있었어요. 책은 점점 값이 내려갔고 점점 빨리 생산되었어요. 종이는 동물 가죽보다 더 저렴해지고 사용하기도 더 편했어요.

그런데 곧 종이가 부족해졌고 발명가들은 종이를 만드는 다른 방법을 찾아야 했어요. 사람들은 기계와 화학 물질을 이용해 나무를 펄프로 만들고 하얗게 했어요. 그다음에는 잉크가 흘러내리는 것을 막기 위해 동물성 접착제 또는 식물성 지방을 발라 주었어요.

귀찮게도 이 모든 일을 한 번에 한 장씩 손으로 해야 했어요(시간이 얼마나 걸릴지 상상해 보세요). 그러다가 1807년 영국의 실리와 헨리 포드리니어 형제가 종이 두루마리 만드는 기계를 개발했어요. 1809년 영국인 존 디킨슨은 회전하는 원통을 들여왔고, 갑자기 종이가 싸게 대량 생산되기 시작했어요. 덕분에 여러분은 이 책을 읽을 수 있답니다!

책

지금 이 순간에도 여러분은 대단한 발명품을 즐기고 있어요. 이 발명품에는 앞표지와 뒤표지, 한가운데의 책등, 양면이 인쇄된 페이지들이 있어요. 여러분은 이 발명품을 반으로 접을 수 있어요. 이 발명품이 뭘까요? 네, 그건 코덱스예요! 아니, 그게 아니라 책이에요. 아, 책이었나? 흠, 정말 헷갈리네요! 처음부터 이야기해 볼게요.

두루마리에서 코덱스까지

책이 등장하기 전에는 두루마리가 있었어요. 앞에서 살펴봤듯이 고대 이집트인들은 파피루스에 글을 썼어요. 글이 길어져도 페이지가 넘어가는 일은 없었어요. 페이지의 끝과 끝을 풀로 붙여서 돌돌 말았어요. 안에 글이 적힌 거대한 두루마리 화장지를 상상해 보세요. 글을 읽기 쉽게 두루마리의 양쪽 끝에 나무 손잡이(밀방망이를 닮았어요)를 달아서 오른손으로 위쪽 손잡이를, 왼손으로 아래쪽 손잡이를 잡았어요.

고대 이집트인, 유대인, 그리스인, 로마인, 중국인 등 많은 사람이 수 세기 동안 두루마리를 사용했어요. 그러다 거의 2,000년 전에 초기 기독교인들이 코덱스라는 아주 새로운 기술을 쓰기 시작했어요. 종이가 사용되지 않았다는 점을 제외하면 코덱스는 그냥 책이었어요. 코덱스는 기독교를 전파하는 데 아주 유용했어요. 번거롭게 두루마리를 위아래로 움직이지 않고 페이지를 넘기는 것만으로 어떤 성경 구절이든 쉽게 찾을 수 있었기 때문이에요!

안녕하세요, 구텐베르크!

중세 유럽에서는 대개 수도사들이 손으로 책을 썼어요 (필사본이라고 해요). 수도사들의 손은 경련에 시달리고 눈은 잔뜩 찡그려지고 몸은 무척 피곤했어요. 농담이 아니에요. 어떤 필사본에는 필경사가 여백에 '아, 내 손!'이라는 글씨를 남겨 두기도 했어요. 어떤 필경사는 이렇게 불평했죠. "글을 옮겨 쓰는 건 너무 힘들고 단조로워. 등을 휘게 하고 눈을 침침하게 하고 배와 옆구리를 쑤시게 하지. 불쌍한 사람들!"

역사상 가장 유명한 인쇄업자인 독일의 요하네스 구텐베르크가 등장할 때까지는 수도사들이 책을 만들었어요. 요하네스 구텐베르크를 기억하죠? (그의 진짜 이름은 요하네스 겐스플라이슈였어요.) 1450년대에 구텐베르크는 기계를 이용한 인쇄법을 개발해서 세상에 혁명을 일으켰어요. 구텐베르크 덕분에 이제 책은 값싸게 대량 인쇄될 수 있어요.

그의 인쇄술에서 중요한 것은 움직일 수 있는 활자였어요. 구텐베르크는 금속 활자를 틀에 넣고 잉크를 바른 다음 와인 압착기로 종이에 찍었어요. 각각의 페이지를 잔뜩 찍어 내고는 다음 페이지, 그다음 페이지의 단어들에 맞게 활자를 다시 배열했어요. 책에 들어가는 그림은 세 가지 방식으로 찍어 낼 수 있었어요. 목판 인쇄, 산성을 이용한 에칭, 판화.

구텐베르크의 단순한 인쇄법 덕분에 책이 폭발적으로 늘어났어요. 새로운 생각들이 책을 따라 더 빨리, 더 멀리 퍼져 나갔죠. 하!지!만! 그는 최초로 인쇄술을 발명한 사람이 아니에요. 비록 그가 인쇄술로 유명했지만, 인쇄술을 최초로 발명한 것은 중국인과 한국인이었어요!

한국이 최초

목판 인쇄는 나무에 글자를 새기고 잉크를 바른 다음 종이에 찍는 거예요. 1,500년 전에 중국의 예술가들이 천에 무늬를 찍기 위해 목판 인쇄를 활용했어요. 1,200년 전쯤에는 책을 만드는 데도 목판 인쇄를 활용했어요. 좋은 방법이긴 하지만 느린 과정이었어요. 일단 글자를 새기고 나면 많이 찍을 수 있지만 각각의 페이지를 새기는 데는 정말 오랜 시간이 걸렸어요! 예를 들어 그 양이 엄청난 불교 경전을 찍으려면 수많은 나무를 베어 낸 다음 엄청난 인내심으로 수만 장의 목판을 새겨야 했어요!

1,000년 전 중국의 인쇄업자들은 점토로 활자를 만들었지만 별로 쓸 만하지 않았어요. 200년 후에 고려의 관료인 최윤의가 점토를 금속으로 바꿨어요. 훨씬 나아졌죠! 틀에 활자를 넣고 한 번에 한 페이지를 찍은 다음 활자를 교체하고 다른 페이지를 찍었어요. 기발하죠?

그런데 최윤의는 왜 자신의 발명을 제대로 인정받지 못했을까요? 당시 고려는 침략을 당해서 발명품을 널리 퍼뜨리기 힘들었고 백성들에겐 책이 너무 비쌌어요. 게다가 귀족들은 전통적인 목판 인쇄가 더 보기 좋다고 생각해서 금속 활자를 좋아하지 않았어요. 최윤의의 발명이 인정받지 못한 또 다른 이유가 있어요. 중세의 한국은 중국의 한자를 썼어요. 한자에는 단어, 소리, 문법 사항을 나타내는 수천 개의 상징이 있지요. 오늘날 평범한 중국인은 8,000개 정도의 한자를 사용해요(어딘가에 새기기에는 많은 숫자예요). 요하네스 구텐베르크가 독일어 단어를 인쇄하기 위해 스물네 글자만 사용했던 것과 비교해 보세요. 아마 이런 여러 가지 이유 때문에 동아시아에서 유행하지 않았던 것이 아닐까요?

그러다가 1400년대 중반에 인쇄술을 발전시킨 새로운 개척자가 나타났어요. 바로 세종 대왕이에요. 세종 대왕은 책을 좋아했어요. 게다가 많은 백성이 읽고 쓸 수 있기를 바랐어요. 그래서 새로운 글자인 한글을 만들었어요. 한국인들이 쓰는, 문어가 아닌 구어에 기초한 글자였죠. 한글은 원래 스물여덟 글자가 있어서 인쇄하기가 훨씬 쉬웠어요. 세종 대왕과 구텐베르크는 같은 시대에 세계의 다른 지역에 살면서 같은 일을 했어요. 정말 신기하죠?

계산기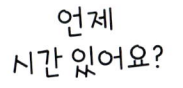

93 곱하기 17은 얼마일까요? 어렵죠? 난 암산하는 데 1분이 걸렸어요. 계산기로 확인해 봐야 해요. 수학은 무척 흥미롭고 멋진 과목이지만 실수하기가 쉽거든요. 최초의 휴대용 전자계산기는 1972년에야 판매되기 시작했어요. 그전에는 사람들이 머릿속의 숫자들을 눈에 보이는 종이 등에 적어 놓고 계산을 했어요.

기록하기

확실하지는 않지만(아쉽게도 그들은 자신의 생각을 설명하기 위해 냉장고 문에 메모를 붙여 두지 않았거든요) 석기 시대 사람들은 아마 4만여 년 전부터 수학을 했을 거예요. 고고학자들은 복잡한 곱셈식을 보여 주는 듯한 선들이 새겨진 동물 뼈를 발견했어요.

이 동물 뼈는 '탤리 스틱'이라고 불려요. 탤리 스틱은 사람들이 복잡한 것들을 잊지 않기 위해 사용했어요(중세에는 사는 사람과 파는 사람이 탤리 스틱을 반으로 나눠 가졌어요. 이때 탤리 스틱은 영수증이었던 셈이죠). 중앙아프리카에서 발견된 이상고 뼈는 2만여 년 전의 것으로 추정되었어요. 여기에는 각각 60개의 표식이 두 줄로 새겨져 있었어요. 이건 달의 변화를 추적하는 달력이었을까요? 아마도 그럴 거예요!

수학은 5,000년 전쯤 아주 중요해졌어요. 청동기 시대 제국에서 세금을 걷는 사람들은 누가 누구에게 무엇을 빚지고 있는지 파악해야 했거든요. 똑똑한 고대 바빌로니아(지금의 이라크) 사람들은 2만 년 전의 탤리 스틱처럼 숫자 '60'에 기초한 체계를 만들었어요. 이 체계에서는 숫자의 위치가 중요했어요. 이건 지금도 마찬가지죠! '7,245'라는 숫자의 경우 '7'은 1,000의 자리, '2'는 100의 자리, '4'는 10의 자리, '5'는 1의 자리예요. '7,245'는 일곱 개의 1,000, 두 개의 100, 그리고 45로 이루어져 있죠. 수천 년이 지난 지금도 여전히 숫자의 위치가 중요하다니, 정말 놀랍죠?

> 언제 시간 있어요?

> 달력을 확인해 보겠네.

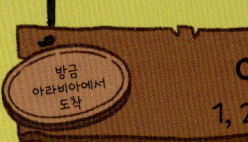

아라비아 숫자
1, 2, 3, 4, 5, 6, 7, 8, 9, 0

신상품

숫자에 이름 붙이기

고대 로마인들은 자신들만의 숫자를 사용했어요. I=1, II=2, III=3, IV=4, V=5, X=10, C=100이에요. 우리는 이 숫자들을 쓰지 않아요. 대신 '1, 2, 3, 4, 5, 6, 7, 8, 9, 0'을 사용해요. 이것들은 아라비아 숫자라고 불리죠. 1,500년 전쯤 고대 인도에서 이 숫자들이 만들어져서 중세 초기에 중동 지역으로 퍼졌어요. 당시 아랍과 페르시아 학자들은 과학을 크게 발전시켰고 그 흥미진진한 발상은 인도인들의 발상에 더해졌어요. 그 후 이 숫자들은 유럽에 전해졌어요. 어떤 유럽인들은 새로운 숫자 체계가 인도에서 왔다는 사실을 몰랐기 때문에 '아라비아 숫자'라는 잘못된 이름을 붙였어요. 미안해요, 인도!

중세의 수학 기계

중세의 영국 왕은 화려한 모자와 외국과의 전쟁에 돈을 쏟아부었어요. 세금을 걷는 관리들은 왕에게 필요한 돈을 모으려면 세금을 얼마나 올려야 하는지 계산했어요. 그들은 '익스체커'라고 불리는 검은색과 흰색 정사각형들이 있는 나무 카운팅 보드(계산판)에 계산을 했어요. 그래서 영국에서는 경제를 책임지는 장관을 '챈슬러 오브 익스체커'라고 불렀어요. 너무 웃기는 이름이죠.

카운팅 보드는 4,500년 전 청동기 시대에 만들어졌지만 또 다른 계산 도구인 주판도 있었어요. 주판은 적어도 2,000년 전 고대의 여러 사회에서 쓰였어요. 주판은 나무틀 안에 금속 막대가 늘어서 있고 이 금속 막대들에 위아래로 움직이는 구슬이 꿰여 있는 도구예요. 주판의 오른쪽 끝에 있는 줄은 1의 자리(1~9), 그 옆줄은 10의 자리(10, 20, 30, 40, 50), 그 옆줄은 100의 자리, 그 옆줄은 1,000의 자리였어요. 주판은 큰 숫자를 계산하기 쉽게 해 주었고 들고 다니기도 편했어요. 실수로 주판을 바닥에 떨어뜨려도 막대에 꿰인 구슬들이 마구 굴러다니지 않았어요. 덜렁대는 사람에게는 완벽하죠!

카운팅 보드

주판이 등장하기 전에도 비슷한 것이 고대 세계에서 널리 사용되었어요. 바로 카운팅 보드예요. 카운팅 보드는 커다란 나무판이나 대리석 판에 많은 선을 그어 수의 자리를 표시했어요. 여기에 조약돌을 올려 커다란 숫자들을 계산했죠.
라틴어로 조약돌은 캘큘러스이고 영어로 계산기를 뜻하는 캘큘레이터calculator가 여기서 유래했어요 (계산기를 열어 봐도 조약돌은 없지만 말이죠).

계산대와 컴퓨터

이 모든 도구는 숫자를 세는 데 도움을 주었지만 계산을 해 주지는 않았어요! 나 같은 숫자 바보를 위해 어려운 계산을 빨리 해 주는, 톱니와 바퀴로 구성된 계산기는 1600년대에 등장했어요. 그러나 이 계산기는 비싸고 희귀했어요. 최초의 계산기는 프랑스의 뛰어난 수학자인 블레즈 파스칼의 이름을 따서 '파스칼 계산기'라고 불린 금속 상자였어요. 그다음에는 뛰어난 독일 사상가인 고트프리트 라이프니츠가 발명한 '라이프니츠 계산기'가 등장했어요.

1820년대에는 엄청난 발전이 있었어요. 똑똑한 영국 과학자 찰스 배비지가 '차분 기관'이라고 불리는 아주 복잡한 계산기를 설계했지만 완성하지는 못했어요. 그래서 그는 증기를 이용해 훨씬 더 복잡한 해석 기관을 설계했어요. 그건 최초의 컴퓨터였어요. 하지만 이것 역시 완성하지는 못했죠. 그의 친구인 똑똑한 젊은 수학자 에이다 러브레이스는 그의 발명에 대한 번역과 해설을 했을 뿐만 아니라 자신의 계산식도 썼어요. 그 때문에 에이다는 종종 역사상 최초의 컴퓨터 프로그래머로 불려요. 하지만 어떤 역사학자들은 그 명칭이 정확하지 않다고 생각해요. 에이다가 쓴 것은 프로그램이 아니었고 배비지 자신이 프로그램을 썼다고요. 그래도 에이다는 정말 멋진 사람이에요. 그녀는 언젠가 기계가 아름다운 그림과 음악을 만들도록 도와줄 거라고 생각한 최초의 사람이었거든요.
에이다는 현대 컴퓨터의 예언자로 찬양 받고 있어요. 물론 그녀는 파란 고슴도치(바람돌이 소닉 게임)가 되어 금빛 고리를 모으는 비디오 게임을 예측하지 못했지만요. 아니, 예측했나?! 상관없어요. 어쨌든 그녀는 대단하니까요…….

지구본

집이나 교실에 지구본이 있나요? 지구본은 축을 중심으로 빙글빙글 돌릴 수 있는 지구 모델이에요. 여러분이 어른이 되었을 때 여행하고 싶은 곳을 지구본에서 찾아볼 수 있어요. 지구본이 없다면 벽에 세계 지도가 걸려 있나요? 음, 여러분에게 비밀을 하나 말해 줄게요. 지구본은 정확하지만 지도는 정확하지 않아요! 그 이유를 알아볼게요.

지리학의 등장

2,600년 전쯤 고대 그리스인인 아낙시만드로스가 최초의 세계 지도 중 하나를 만들었어요. 옛날 사람들은 세계가 평평하다고 믿었다는 이야기를 들은 적이 있나요? 잘못된 이야기예요! 고대 그리스인들은 지구가 공처럼 둥글다는 것을 알았어요. 대략 200년 후에 에라토스테네스라는 또 다른 그리스인이 등장했어요. 그는 이집트 알렉산드리아 도서관의 사서였고 최초로 우리 행성의 둘레(지구의 둘레는 얼마나 될까)를 계산했어요. 실제로 지구의 둘레는 약 4만 킬로미터이고 놀랍게도 에라토스테네스는 거의 비슷한 숫자를 내놓았어요. 그는 또한 지리학이라는 단어도 만들었어요. 참 대단한 사람이에요!

하지만 스트라본과 프톨레마이오스라는 두 명의 고대 로마인은 에라토스테네스가 계산한 지구의 둘레가 너무 크다고 생각했어요. 1,900년 전쯤 프톨레마이오스는 『지리지』라는 아주 유명한 세계 지도책을 만들었는데 거기에 실린 지구의 크기는 너무 작았어요. 그럼에도 그는 중요한 사람이라서 이후 1,500년 동안 모두가 그의 지도책을 베꼈어요. 음, 거의 모두가……

> 세상은 크지만… 내 머리만큼 크지는 않아!

중세의 지도

아부 라이한 알 비루니와 무함마드 알 이드리시 같은 중세의 아랍 학자들은 지도를 만들었어요. 알 이드리시는 몇 년간 '타불라 로게리아나'라는 이름의 지도를 만들었어요. 선원들과의 수많은 대화 끝에 만들어진 이 지도는 아프리카 지역은 대부분 보여 주지 않았어요. 당시에는 아메리카와 오스트레일리아도 알려지지 않아서 지도에 들어가지 않았어요. 하지만 유럽과 아시아는 정말 인상적일 정도로 자세히 그려졌죠. 그럼에도 지금 타불라 로게리아나를 보면 너무나 당황스러워요. 알 이드리시는 남쪽은 위에, 북쪽은 아래에 그려서 우리에게 뒤집힌 세상을 보여 준답니다.

그동안 동아시아의 지도 제작자들은 중국과 교역을 하는 아프리카, 아라비아, 인도, 동남아시아, 한국, 일본, 그리고 중국 자체에 더 초점을 맞췄어요. 아마 이들 지역을 담은 가장 유명한 지도는 '혼일강리역대국도지도'일 거예요. 1402년 조선 사람인 권근과 이회가 만들었죠.

이제 똑바로 되었군!

그렇다고 치자.

그레그가 뽑은 최고의 옛날 지구본

서아프리카가 저 멀리 있군! 그냥 저기도 갔다 왔다고 해야지….

고대 그리스인인 말루스의 크라테스가 최초의 지구본을 만들었던 것 같아요. 하지만 오늘날까지 남아 있는 가장 오래된 지구본은 독일의 직물 상인인 마르틴 베하임이 만든 거예요. 1491~1493년에 그는 뉘른베르크 시위원회를 설득해서 장인들을 고용했어요. 그리고 점토로 만든 구에 천 조각을 붙이고 그 위에 지도를 그리게 했지요. 여러 세기 동안 사람들은 베하임이 서아프리카 해안을 측량한 위대한 항해자라고 주장했어요. 하지만 그의 지구본은 완전히 틀렸어요. 그래서 어떤 역사학자들은 그가 서아프리카로 항해한 적이 없을 거라고 생각해요!

현대적인 메르카토르의 지도에 남은 실수

정확하지 않은 지도 이야기라면 또 있죠. 1492년 이탈리아 탐험가인 크리스토퍼 콜럼버스는 인도의 향신료를 실어 올 더 빠른 길을 찾다가 우연히 아메리카 대륙을 발견했어요. 그는 혼란에 빠졌지만(그는 쿠바를 일본이라고 생각했어요!) 다른 사람들은 이곳이 새로운 땅이라는 걸 바로 알아차렸어요(유럽인들에게는 새로운 땅이지만 수천 년 동안 그곳에 살고 있던 사람들에게는 새로운 땅이 아니었어요).

이 땅에 콜럼버스의 이름이 붙었을까요? 아뇨! 1507년 독일의 지도 제작자인 마르틴 발트제뮐러가 또 다른 이탈리아 탐험가인 아메리코 베스푸치의 이름을 이 땅에 붙였어요. 아메리코라는 이름이 '아메리카'로 바뀌었죠. 1569년 아메리카라는 이름이 헤르하르뒤스 메르카토르의 유명한 새 지도에 올랐고 메르카토르 도법(메르카토르가 고안한 지도 제작법)은 오늘날에도 쓰이고 있어요. 메르카토르는 직사각형 모양의 세계 지도를 그리기 위해 구 형태인 지구를 원통 형태로 변형했어요. 오렌지의 껍질을 벗겨서 원통에 감는다고 상상해 보세요. 이런 방법으로 지도를 그리면 바다를 항해하는 사람들은 쉽게 직선 경로를 찾을 수 있어요. 하지만 땅의 모양은 왜곡되었죠!

메르카토르 지도는 적도에서 가장 멀리 있는 곳들을 왜곡하고 확대했어요. 다시 말해 남극, 그린란드, 캐나다는 실제보다 훨씬 크게 그려졌어요. 메르카토르 지도에서 그린란드는 아프리카와 같은 크기지만, 사실 아프리카가 그린란드보다 열네 배 커요!

오랫동안 사람들은 더 그럴듯하고 정확한 지도를 만들기 위해 노력했지만 항상 문제가 발견되었어요. 아직까지는 지구본이 최고예요!

초콜릿

아, 이제 간식 먹을 시간이에요. 내게 간식이란 보통 약간의 초콜릿을 의미해요! 하지만 입안에 밀어 넣은 맛있고 달콤하고 부드러운 초콜릿은 원래의 초콜릿과 완전히 달라요. 네, 초콜릿은 카카오나무에 달린 코코아콩으로 만들지만 (카카오, 코코아, 헷갈리죠?) 옛날에 두어 세기 동안 초콜릿은 우적우적 씹는 단단한 음식이었어요. 그전에는 쓴 음료를 가리키는 말이었고요.

신들의 음식

5,000여 년 전 에콰도르(남아메리카)의 마요 친치페 사람들이 코코아를 마시기 시작했어요. 이후 코코아는 올멕인, 마야인, 아즈텍인(중세의 중앙아메리카)에게 아주 중요해졌어요. 마야인들은 코코아를 뜨겁게 마셨어요. 그들은 음료 위에 크고 하늘거리는 거품이 생기도록 컵 두 개에 코코아를 계속 옮겨 담았어요. 그 음료는 카푸치노를 닮았지요. 아즈텍인들은 코코아를 차갑게 마셨어요. 색다른 풍미를 주는 꿀, 칠리, 바닐라, 꽃잎 등을 넣고 우유는 넣지 않았어요. 그리고 약간 씁쓸한 코코팝 시리얼을 만들기 위해 옥수수도 추가했지요.

카카오나무의 학명은 '테오브로마 카카오'예요. 고대 그리스어로 '신들의 음식'이라는 뜻이지요. 어울리는 이름이에요. 중세 마야의 그림을 보면 코코아콩이 잘 자라도록 신이 날카로운 칼로 귀를 찌르고 피를 내서 카카오나무에 뿌리는 모습이 나오기 때문이에요. 아주 위생적이지는 않죠! 그리고 아즈텍인들은 신에게 제물로 바쳐지는 사람에게 특별한 작별 음료를 주었어요. 이전 제물들의 피와 섞은 초콜릿이었죠. 윽!

거품이 너무 많은걸!

음식 또는 음료?

1500년대 중반 초콜릿이 유럽에 들어왔어요. 스페인 제국이 아즈텍을 폭력적으로 정복한 후였죠. 유럽인들은 쓴맛을 없애기 위해 단것을 넣었어요. 초콜릿 음료는 여성 왕족, 귀족, 수도사들에게 특히 인기가 있었어요. 두 수도사 집단(도미니코회와 예수회) 사이에 초콜릿이 음료인지 음식인지 논쟁이 벌어졌어요. 성스러운 날에는 음식을 먹을 수 없었거든요. 다행히도 교황이 초콜릿은 음식이 아닌 음료라고 선언하면서 모두가 초콜릿을 계속 먹을 수 있게 되었어요. 성스러운 날에도요. 만세!

"이것은 음료임을 선언합니다!"

초콜릿 바

여러분은 이렇게 생각할지 몰라요. '잠깐! 요즘 초콜릿은 음식이기도 하고 음료이기도 하잖아. 언제부터 초콜릿을 우적우적 씹을 수 있게 된 거지?' 1800년대부터예요. 당시 영국에는 캐드버리, 로운트리스, 프라이스처럼 아주 성공한 초콜릿 회사들이 있었어요. 그 덕분에 평범한 사람도 초콜릿을 먹을 수 있게 되었어요.

그들은 커다란 공장, 코코아 압착기(코코아 버터를 짜내요), 콘칭 기계 (초콜릿을 아주 부드럽게 만들어 줘요) 같은 새로운 제조 기술에 투자했어요. 그렇게 내가 가장 좋아하는 것이 만들어졌어요. 바로 초콜릿 바예요. 1800년대 초반에는 쓴 다크 초콜릿으로 초콜릿 바를 만들었어요(윽!). 더 달콤한 밀크 초콜릿(냠냠!)은 1870년대에 만들어졌어요. 다니엘 페테르라는 스위스 사람이 초콜릿에 네슬레 밀크 파우더(아기에게 먹이려던 거예요)를 추가했던 거죠.

카카오

다크 초콜릿의 어두운 역사

안타깝게도 초콜릿은 고통스러운 역사도 갖고 있어요. 1500년대에 스페인과 포르투갈이 아메리카 대륙을 식민지로 삼고 원주민들(아즈텍인들도 포함돼요)에게 카카오를 재배하게 했어요. 하지만 곧 끔찍한 질병으로 수백만 명이 죽었어요. 스페인과 포르투갈 사람들은 아메리카 원주민을 대신할 사람들을 데려오기 위해 대서양 노예 무역을 시작했어요. 여기에 다른 유럽 제국도 참여했죠. 수백만 명의 아프리카 사람들이 노예가 되어 비좁은 죽음의 배에 실렸어요. 그렇게 바다를 건너가 살아남은 사람들은 아메리카와 카리브 해 지역의 사탕수수, 카카오, 목화 농장에서 죽도록 일했어요. 그동안 유럽인들은 사치품으로 초콜릿과 설탕을 즐겼죠.

노예 제도는 영국, 프랑스, 네덜란드 같은 나라를 부유한 강대국으로 만들었어요. 점차 국가들은 잔인한 노예제를 금지했지만 모든 곳에서 단번에 노예가 사라진 것은 아니에요. 영국에서는 1833년에 노예제가 폐지되었지만 인도와 스리랑카에는 1843년까지 노예가 있었어요. 1908년 초콜릿 회사 캐드버리는 포르투갈의 식민지인 '초콜릿 섬'(서아프리카 근처)에서 코코아를 사는 것으로 드러나 비난을 받았어요. 일꾼들이 자유롭지 않은 환경에서 일하는 곳이었죠. 초콜릿의 비극적인 역사는 생각보다 최근까지 이어진 셈이에요.

그레그가 뽑은 최고의 초콜릿 약

하루에 초콜릿 바 하나를 처방합니다!

내가 초콜릿을 얼마나 좋아하는지 아세요?
세 살 때 초콜릿을 조금 먹어 본 것이 머릿속에
남아 있는 인생 최초의 기억이에요!
'밀키 바'라는 아주 달콤한 초콜릿이었거든요.
밀키 바는 1936년 아이들에게 비타민제를
쉽게 먹이기 위해 만들어졌어요.
아마 뼈에는 좋겠지만, 분명 이에는 좋지 않았을 거예요!

공놀이

여러분이 시간 여행자가 되어 열세 살의 나를 만난다면 얼마나 웃길까요? 여러분은 흥분한 강아지처럼 축구공을 쫓아다니는, 진흙투성이의 꾀죄죄한 소년을 만날 거예요. 태클을 하거나 골을 막으려고 나는 단단한 콘크리트 운동장에 뛰어들곤 했어요. 당연히 내 무릎에서는 항상 피가 났죠! 하지만 10대 시절 내가 했던 축구는 중세 축구에 비하면 아무것도 아니에요. 여러분이 요즘 운동장에서 즐기는 놀이가 중세의 축구와 완전히 달라서 얼마나 다행인지 몰라요.

최초의 축구

축구는 1,200년 전에 처음 기록에 남았어요. 하지만 축구가 인기를 얻은 건 약 750년 전이에요. 영국 사람들은 특별한 종교적인 날에 '민속' 축구를 했어요. 한 팀에 열한 명이 뛰는 현대 축구와 달리 중세 축구는 조금 무질서했어요. 누구든 경기장에 나오면 경기에 참여할 수 있었어요. 그래서 1,000명이나 되는 마을 사람 모두가 선수로 뛰기도 했어요.

종종 경쟁하는 마을들 간에 축구 경기가 벌어졌어요. 이때 골문은 각 마을의 교회였어요. 사람들은 아마 공을 나르고 때리고 찼을 거예요 (공은 흔히 돼지의 오줌보로 만들었어요). 심판도 규칙도 없었어요! 그런데 사람들이 손을 썼다면 왜 축구라고 불렸을까요? 상류층의 스포츠는 대개 말을 타고 하는 반면 축구는 발로 뛰어다니며 했기 때문일 거예요. 축구는 보통 사람들을 위한 스포츠였어요.

축구를 할 때 가장 큰 위험은 발목을 접지르거나 얼굴에 공을 얻어맞는 거예요. 그런데 중세에는 더 큰 위험이 있었어요. 당시 모든 사람은 점심을 먹기 위해 허리띠에 칼을 차고 다녔어요. 그래서 안타깝게도 게임 도중 칼에 찔리는 사고가 많았지요! 격렬한 축구 경기는 사람들을 모이게 했고, 강력한 귀족들은 농민 반란이 일어날까 걱정했어요. 그래서 민속 축구를 금지시키기도 했어요.

규칙이 생기다

축구는 보통 사람들의 스포츠로 시작되었지만 1800년대에는 이튼과 해로 같은 영국의 명문 학교에서 가장 많이 했어요. 하지만 경기마다 규칙이 달랐기 때문에 1863년에 공식적인 축구 규칙을 만들기 위해 영국 축구 협회가 세워졌어요. 물론 가장 중요한 규칙은 '손을 쓰면 안 된다'는 것이었어요. 마침내 축구는 발로만 하는 스포츠가 되었고 당연히 칼은 금지되었어요!

메소아메리카의 공놀이

여러분이 축구보다 농구, 배구, 탁구 같은 공놀이를 더 좋아한다면 메소아메리카(멕시코, 과테말라, 벨리즈, 니카라과, 온두라스, 엘살바도르, 코스타리카 등) 사람들이 했던 고대의 공놀이를 소개할게요. 이 놀이는 아주 작은 두 팀이 기술과 속도를 겨루는 거예요. 두 팀은 양 끝에 경사진 돌벽이 세워진 길고 좁은 곳에서 경기를 했어요. 이 놀이는 3,500년 전에 시작되어 오늘날까지 이어지고 있어요.

상대 팀 진영의 끝에 공을 넣으면 점수를 얻었어요. 몇몇 경기장에서는 벽 위에 달린 링(돌로 만들었어요)이 발견되었어요. 공이 이 링을 통과하면 즉시 승리하지만 넣기가 아주 힘들었어요. 왜일까요? 음, 고무공은 작지만 아주 무거웠어요. 게다가 선수들은 손과 발을 쓰지 못하고 주로 엉덩이를 썼어요. 공으로부터 몸을 보호하기 위해 엉덩이 보호대, 무릎 보호대, 가슴 보호대, 또는 두꺼운 허리 보호대를 착용했어요. 그래도 경기를 마치고 나면 선수들의 몸은 심하게 멍이 들었을 거예요.

어떤 사람들은 패한 팀이 처형되었을 거라고 주장해요. 경기장에 때로 목 잘린 사람들 그림이 그려져 있었기 때문이에요. 하지만 대부분의 고고학자들은 군중 앞에서 처형된 것은 아마 죄수였을 거라고 해요. 미국의 슈퍼 볼 경기 중간에 화려한 공연이 이어지는 것과는 조금 다르죠!

운동장 게임

공놀이를 별로 좋아하지 않나요? 아니면 옷에 또 구멍을 내지 말라고(나는 옷에 자주 구멍을 냈어요) 야단을 맞았나요? 그러면 쉬는 시간에 다른 재미있는 것들을 해 봐요. 이 놀이들 역시 보기보다 오래되었을지 몰라요.

스케이트를 타요

엄청난 소란을 일으켰던 존 조셉 메를린을 기억하나요? 1760년대에 그는 새로 발명한 롤러스케이트를 타다가 거울에 부딪혔어요. 롤러스케이트는 인기가 없었어요(그의 사고가 이유를 설명해 주죠). 그런데 1820년대에 영국 사람인 로버트 존 타이어스가 인라인스케이트를 만들면서 상황이 바뀌었죠. 타이어스는 자신이 만든 인라인스케이트에 '볼리토'라는 이름을 붙였어요. 볼리토는 스케이트처럼 생겼지만 금속 날 대신에 다섯 개의 작은 바퀴가 달려 있었어요. 더 중요하게는 뒤쪽에 브레이크가, 앞쪽에 스토퍼가 있어서 사람들이 근처의 유리로 돌진하지 않을 수 있었어요. 좋은데요!

네 바퀴가 달린 롤러스케이트(신발의 양쪽에 두 개씩 달렸어요)는 1863년에 미국인 제임스 플림프턴이 만들었어요. 그 바퀴들은 왼쪽과 오른쪽으로 돌기 때문에 사람들이 쉽게 방향을 바꿀 수 있었어요. 그는 또한 스케이트 링크도 만들었어요. 젊은 사람들이 친구들과 놀고 매력적인 낯선 사람들과 어울릴 수 있는 장소가 되었지요. 스케이팅은 1870년대 미국과 영국에서 아주 인기가 있었어요! 1917년에 한 잡지는 엉뚱하게도 언젠가 군인들이 롤러스케이트를 타고 전쟁터를 이동할 거라고 했어요. 땅의 진흙은 생각하지도 않았겠죠. 그리고 참호도요. 그 생각이 얼마나 어리석은지 말할 필요는 없겠죠.

오래된 게임

어떤 게임은 수천 년 동안 이어져 왔어요. 고대 로마인과 그리스인은 주사위와 구슬로 놀았고(도토리 또는 나무 열매가 쓰였을지도 몰라요), 자갈로 일종의 오목(삼목두기)을 두었어요. 다양한 형태의 술래잡기 놀이도 있었어요. 고대 그리스에서 했던 술래잡기를 하려면 선을 긋고 두 팀이 선의 양쪽에 서야 했어요. 조개껍데기나 도자기 조각을 허공에 던져 어느 쪽에 떨어지느냐에 따라 한 팀은 쫓고 다른 팀은 도망갔어요. 술래가 눈을 가리는 까막잡기라는 놀이도 있었어요.

고대 그리스인과 로마인은 또 다른 게임도 했어요. 바닥에서 굴리는 고리를 피해 달리는 게임이에요. 그것도 눈을 가리고 누군가를 업고서요(연못 근처에서 하면 안 돼요. 물에 빠질 테니까요).

영리한 등반가들

1920년대 미국 시카고의 변호사인 세바스찬 힌턴은 정글짐을 만들었어요. 하지만 그의 독창적인 생각은 아니었고, 사실 유명한 수학자인 그의 아버지 찰스 하워드 힌턴이 생각해 낸 것이었어요.

찰스는 자신의 아이들이 정신없이 헷갈리는 수학적 형태를 배우길 바랐어요. 그래서 몇 개의 정육면체가 맞물린 거대한 대나무 틀을 만들었어요. 그러고는 대나무 막대에 'X1, X2, X3'과 'Y1, Y2, Y3' 같은 이름을 붙였어요. 그가 그 이름을 크게 외치면 아이들은 재빨리 그 자리로 가야 했어요. 찰스는 자신의 아이들이 이런 식으로 4차원 개념에 익숙해지길 바랐지만 아이들은 재미있게 노느라 정신없었어요! 세바스찬은 수학 천재로 자라지는 않았지만 아버지가 만든 놀이 기구를 좋아했어요. 그래서 아이들이 모험심을 발휘하도록 정글짐을 만들었어요!

오라, 나에게 오라!

요요. 소리 내서 말해 보세요. 아주 재미있는 단어예요! 요요는 언제 발명되었을까요? 몰라요! 어떤 사람은 고대 중국에 요요가 있었다고 말하지만 2,500년 전 고대 그리스의 아름다운 도자기 조각에도 요요가 등장해요. 요요와 비슷한 디아볼로(한자로 '空鐘'이라고 쓰고 '쿵중'이라고 읽어요)라는 장난감이 중세 중국에서 아주 인기 있었고 그다음에는 중국 남쪽의 필리핀에서도 유행했어요. 하지만 디아볼로는 원판이 훨씬 넓었고 두 개의 막대에 연결된 줄 주위에서 돌았어요.

요요는 1700년대에 유럽으로 돌아왔어요. 유럽에서 요요는 종종 '반달로레'라고 불렸어요. 나이에 상관없이 아주 부유한 프랑스 귀족들 사이에서 반달로레가 유행했어요. 1780년대에 그려진 유명한 그림에는 정말 매력적인 젊은 프랑스 왕자가 반달로레를 들고 있어요. 하지만 그 시대에는 정치적 재앙이 벌어지기도 했어요! 1789년 프랑스 사람들은 왕족에 맞서 혁명을 일으켰고 대부분의 부유한 귀족은 체포되어 기요틴(목을 자르는 기계)으로 처형되었어요. 겨우 도망친 사람들은 요요를 가져갔어요. 그 때문에 이 아름다운 장난감은 에미그레트('떠나는 사람들'이라는 뜻이에요) 또는 코블렌츠(많은 프랑스인이 도망간 독일의 도시 이름이에요)라는 이름으로 알려졌어요.

하지만 잠깐만요! 이렇게 여러 이름이 있는데 지금은 왜 요요라는 이름이 쓰일까요? 앞에서 이 장난감이 필리핀에서 인기 있었다고 말했죠? 요요는 필리핀의 타갈로그어로 '오라, 오라!'는 뜻이에요. 요요의 줄을 홱 움직여서 원판이 자신에게 돌아오게 하기 때문이에요. 1898년에 필리핀은 미국에 점령되었어요. 곧 요요가 미국에 들어가게 되었죠. 미국에서 요요는 그 유쾌한 이름을 지켰고 다시 인기를 얻었어요.

분수식 식수대

학교에 분수식 식수대가 있나요? 물을 뿜는 거대한 인어상 같은 것을 말하는 게 아니라 편하게 물을 마실 수 있는 곳 말이에요. 분수식 식수대가 있다면 여러분은 아주 좋은 학교에 다니는 게 분명해요. 내가 아이였을 때는 식수대에서 머리를 옆으로 기울이고 물을 마셔야 했어요. 때로는 물이 얼굴에 뿌려지곤 했지요! 하지만 괜찮았어요. 사실 난 분수의 풍부하고 매혹적인 역사가 좋거든요.

물을 다스리다

역사상 물을 가장 잘 다스린 이들은 인더스 문명(이 문명이 발달했던 곳에 이제는 인도와 파키스탄이 자리 잡고 있어요)을 만든 사람들이었어요. 청동기 시대에 이들은 물을 다스리는 데 뛰어났어요. 그들의 가장 큰 도시에는 700개 이상의 우물, 하수관, 건물 안 화장실, 대중목욕탕, 분수가 있었어요. 그 도시에서는 물이 철벅거렸죠! 런던 사람들은 1800년대 중반에야 4,000년 전의 인더스 사람들만큼 물을 이용할 수 있었어요. 놀랍지 않나요?

경이로운 수로

수로는 한 장소에서 다른 장소로 물을 운반하는 파이프 또는 물길이에요. 가장 뛰어난 수로를 건설한 사람들은 2,000년 전의 고대 로마인이에요. 이전의 문명들은 지하 터널이나 지하 관으로 물을 보낸 반면 고대 로마인들은 돌 아치로 지탱되는 높이 10미터에 길이 80킬로미터 이상의 거대한 수로를 건설했어요! 많은 양의 깨끗한 물을 운반하기 위해 로마에는 열한 개의 수로가 있었고 제국의 다른 도시들에는 더 많은 수로가 있었어요.

물을 높은 곳에서 내려보내면 강한 압력이 만들어졌어요. 물이 힘없이 졸졸 흘러나오는 대신 분수처럼 강하게 뿜어져 나와 허공으로 솟구쳤어요. 펌프는 필요 없었어요. 중력 덕분이었어요! 로마 사람들은 물에 매혹되어 정원에 분수를 설치했어요. 분수는 집주인의 품격을 보여 주었지요.

우와, 너 부자구나!

누구에게나 평등한 식수대

슬프게도 식수대 역시 아픈 역사를 갖고 있어요. 1950년대 미국 남부에는 인종 차별적인 '짐 크로 법'이 있었어요. 백인이 아프리카계 미국인보다 인종적으로 우수하다는 생각이 깔린 법이었죠. 흑인들은 흑인만의 학교에 다녀야 했고 상점과 레스토랑에서 환영받지 못했으며 흑인만의 공중화장실을 이용해야 했고 붐비는 버스에서는 좌석에서 일어나야 했어요. 흑인 아이들조차 흑인만의 식수대를 써야 했어요.

미국의 영웅인 로자 파크스(1955년 버스에 탄 그녀는 서 있는 백인에게 좌석을 양보하라는 강요를 받았어요. 하지만 거부했지요. 이후 버스 보이콧 투쟁이 시작되었어요)는 어린 시절 '백인이 마시는 물은 자신이 마시는 물과 맛이 다른지' 궁금했다고 해요. 나중에 그녀는 인종 차별에 맞서 싸우는 투쟁가가 되었어요. 그녀는 모든 사람이 같은 대접을 받아야 한다는 것을 보여 주기 위해 10대 흑인들을 백인용 식수대에 데려가 물을 마시게 했어요. 1964년 미국 민권법은 인종 분리를 불법으로 규정했고, 누구든 차별 없이 식수대를 이용할 수 있게 되었어요.

왕을 위한 분수

프랑스의 루이 14세는 그 시대 유럽에서 가장 강력한 지배자였어요. 1680년대에 그는 베르사유 궁전에 장엄한 분수를 설치하게 했어요. 분수를 설치하기 위해 기술자들은 7년간 아주 복잡한 기계를 만들었어요. 센 강의 흐름을 이용해 분수를 돌리려면 큰돈이 들고 열네 대의 수차(각각의 폭은 12미터였어요)가 필요했어요. 그들은 200대의 펌프를 이용해 380만 리터의 물을 언덕 위의 거대한 두 저수지로 밀어 올렸어요. 그런 다음 물을 아래로 흘려서(로마의 기술을 흉내 내어 중력을 이용했죠) 루이 14세에게 멋진 분수들을 선사했어요. 분수는 놀랍고 경이로운 모습을 보여 주었지만 헤비메탈 콘서트보다 시끄러운 소음을 냈어요. 루이 14세의 손님들은 불평을 쏟아 냈지만 아마 그는 듣지 못했을 거예요.

음료가 나오는 분수

루이 14세의 분수보다 크기는 작지만 똑같이 인상적인 분수가 있어요. 중세 동아시아의 몽골에 있었던 분수예요. 1200년대 중반에 루브룩의 윌리엄이라는 유럽의 여행자가 강력한 몽골 황제인 몽케 칸의 궁전으로, 그리고 몽골의 수도인 카라코룸으로 아주아주 긴 여행을 떠났어요. 그곳에서 윌리엄은 키 큰 나무 모양의 아름다운 은색 조각을 만났어요. 그 조각 위에는 트럼펫을 부는 천사가 있었어요. 바닥에는 네 마리의 사자가 있었고 가지 위에는 네 마리의 뱀이 있었어요. 재미있게도 이 여덟 마리의 무서운 짐승은 지나가는 사람을 집어삼키지 않았어요. 아니, 그 반대였어요. 이 짐승들은 입으로 맛있는 음료를 나누어 주었어요! 사자들은 발효된 말의 젖을, 뱀들은 벌꿀 술과 와인과 차를 제공했어요.

하지만 마실 사람이 없는데도 음료를 끊임없이 흐르게 하는 것은 엄청난 낭비였어요. 분수는 몽케 칸이 목마를 때만 사용되었어요. 그가 음료를 가져오라고 하면 남자 한 명이 나무둥치 안으로 들어가 풀무를 불었어요. 그러면 천사가 트럼펫을 들어 올리고 큰 소리를 냈어요. 음료를 가져오라는 신호였죠. 하인들은 나무와 연결된 구멍에 음료를 부었고 그 음료가 나무 위로 빨려 올라가 동물의 입으로 나왔어요. 와인 한 잔을 마시기 위해 엄청난 야단법석을 떨었던 거죠!

교실의 시계

수업은 지루하게 이어져요. 얼마나 더 있어야 집에 갈 수 있을까요? 시계를 슬쩍 훔쳐봐요. 한참 후에 다시 시계를 훔쳐봐요. 4분밖에 지나지 않았어요. 지루할 때 시간은 너무 느리게 가요! 다음 한 시간은 좀 짧으면 좋겠어요. 음, 오래전에는 한 시간이 좀 짧았을지도 몰라요······.

한 시간의 길이?

시계의 역사는 이상해요. 1371년까지(이때 시리아의 뛰어난 천문학자인 이븐 알 샤티르가 정확한 해시계를 만들었어요) 시간은 여름에 더 길어지고 겨울에 더 짧아졌어요. 여러분은 '그래도 한 시간은 항상 60분이었겠지!'라고 생각할지 몰라요. 지금은 그래요. 하지만 옛날에는 그렇지 않았어요.

고대 이집트인들이 하루를 24시간으로 나누었어요. 바빌로니아 사람들처럼 이집트 사람들도 숫자 '12'를 좋아했어요. 그래서 낮을 열두 시간으로 나누었죠(새벽의 한 시간+해가 비추는 열 시간+황혼의 한 시간=열두 시간). 그리고 밤도 열두 시간으로 나누었어요. 그런데 여름에는 겨울보다 햇살이 훨씬 더 많이 비추어요.

고대 그리스 철학자들이 하루를 24시간으로 나누고 한 시간을 60분으로 나누었는데도 사람들은 여름이면 낮의 한 시간이 더 길어진다고 생각했어요. 햇빛이 열다섯 시간 30분 동안 비추는 한여름에는 낮을 열두 시간에 맞추기 위해 한 시간을 75분으로 늘려야 했지요. 대신 겨울에는 낮의 한 시간이 45분으로 줄어들었어요! 참 머리 아프죠?

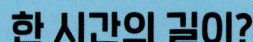

한 시간 늦었어.

아니야, 지금은 서머 타임이라고.

종탑의 시계

약 700년 전 유럽의 중요한 도시에는 거대한 기계식 시계가 설치된 종탑이 있었어요. 불행히도 이 시계들은 시간을 제대로 알려 주지 못했어요. 복잡한 시계 장치가 움직이려면 거대한 추가 달린 밧줄을 팽팽히 당겨 주어야 했어요. 하지만 밧줄은 몇 시간 만에 풀렸지요. 그러면 다시 추를 종탑 꼭대기까지 끌어 올려야 했어요. 수많은 계단을 오르내리고 거대한 추를 끌어 올리고 시끄러운 종소리에 귀가 먹먹해지는 것을 상상해 보세요. 엄청나게 힘들 것 같네요.

그러면 시계는 언제 더 정확해졌을까요? 1600년대 초에 이탈리아의 천문학자인 갈릴레오 갈릴레이가 진자의 원리를 발견했어요. 이것은 요요처럼 앞뒤로 움직이는 물체에 적용되는 원리예요. 하지만 약 1미터 길이의 추가 한쪽 방향으로 가는 데 정확히 1초가 걸리고, 다시 반대 방향으로 가는 데도 정확히 1초가 걸린다(하지만 적도에 가까워질수록 추가 움직이는 속도는 느려져요)는 사실을 발견한 사람은 프랑스의 과학자 마랭 메르센이었어요. 추 덕분에 시계는 더욱 정확해졌어요. 게다가 추를 작게 줄여 괘종시계를 만들 수도 있었어요. 괘종시계는 사람들의 집 안으로 들어갔지요. 이제 종탑은 필요 없어졌어요.

너무 졸려어어어….

동일한 시간

시계가 정확해지면서 살기 편해졌을까요? 1840년대에 증기 기관차가 발명되어 사람들이 더 빨리 이동하게 되자 문제가 생겼어요. 마을마다 시간이 달랐거든요. 서쪽으로 갈수록 해가 늦게 떠서 시간도 늦었어요. 브리스틀에 도착한 런던 사람들은 자신의 시계가 브리스틀의 시계와 10분이나 차이 나는 것을 알았어요. 이런 차이는 돌아가는 기차를 탈 때 혼란을 일으켰어요.

이런 혼란을 없애기 위해 영국은 '철도 시간'을 채택했고 모든 역의 시계는 런던 시간('그리니치 평균시'라고 불려요)에 맞춰졌어요. 철도 시간은 미국, 인도, 그리고 대부분의 유럽에 퍼졌어요(각국은 런던 시간이 아닌 나름의 시간을 썼기 때문에 혼란을 일으켰을 거예요!).

세계의 시간

1870년대에 캐나다의 철도 기술자 스탠퍼드 플레밍은 경도 15도마다 한 시간씩 달라져야 한다고 주장했어요. 전 세계에 스물네 개의 시간대가 있어야 한다는 거죠. 경도는 왼쪽(서쪽) 또는 오른쪽(동쪽)으로 움직일 때마다 달라져요.

1884년 (불평 많은 프랑스를 제외한) 세계에서 가장 큰 나라들이 런던의 그리니치 천문대를 경도의 출발점(과학적으로는 '본초 자오선'이라고 해요)으로 정했어요. 그래서 그리니치 천문대의 동쪽으로 움직이면 시간을 얻게 되고 서쪽으로 움직이면 시간을 잃게 돼요. 미국같이 큰 나라는 지도에서 경도 15도 이상의 지역을 차지하기 때문에 여러 개의 시간대가 필요했어요.

그래도 여전히 조금 어색했어요. 파리는 런던보다 고작 2도 정도 더 동쪽에 있기 때문에 두 도시가 같은 시간대를 쓰는 것이 합리적이에요. 하지만 제2차 세계 대전 때 나치 독일이 프랑스를 침략하여 독일 시간을 사용하게 했고, 전쟁이 끝난 후에도 프랑스는 독일 시간을 그대로 사용했어요. 그래서 두 도시는 아주 가까운데도 파리의 시간이 런던의 시간보다 한 시간 빨라요.

스마트폰

물론 많은 사람이 시간을 보기 위해 시계를 사용하지는 않아요. 나는 그냥 스마트폰을 봐요. 네, 스마트폰은 카메라, 동영상, 노래, 앱, 게임, 문자, 전화, 심지어 손전등 기능까지 모두 담겨 있는 작은 상자예요. 현대의 가장 놀라운 기술이죠. 아니, 마법이죠! 스마트폰은 1969년 달에 사람을 보낸 컴퓨터보다 훨씬 뛰어나요. 우리는 주머니에 마법 지팡이를 넣은 마법사처럼 스마트폰을 주머니에 넣고 돌아다녀요. 하지만 스마트폰은 우리를 멀리 있는 사람과 대화하게 해 준 첫 번째 기술이 아니에요. 스마트폰보다 훨씬 이전에 깃발과 봉화가 있었어요!

장거리 수다

여러분이 4,000년 전 강력한 제국을 다스린 바빌로니아의 왕이라고 상상해 보세요. 멀리 있는 도시에 급한 소식을 어떻게 알릴까요? 사람, 말, 심지어 비둘기조차 몇 분 안에 수백 킬로미터를 이동할 순 없어요. 그러면 어떻게 해야 할까요? 봉화를 써야죠. 그런데 봉화는 어떻게 작동했을까요?

우선 몇 킬로미터 간격으로 언덕에 망루를 지어야 해요. 망루들은 옆의 망루에서 타오르는 봉화가 보일 만큼 가까워야 했어요. 그렇다고 그냥 달려가서 소식을 전하는 것이 빠를 만큼 가까워서도 안 되었어요. 위급한 일이 벌어졌을 때 누군가가(궁전에 있는 왕부터 임무 수행 중인 군인까지) 봉화를 올려서 경보를 울릴 수 있었어요. 이 봉화를 보고 다음 망루에서 봉화를 올리고 그렇게 계속 이어지면서 소식이 수백 킬로미터 떨어진 곳까지 전해졌어요. 그렇게 전해진 소식은 아마 '이봐! 도와줄 사람 보내!'였을 거예요.

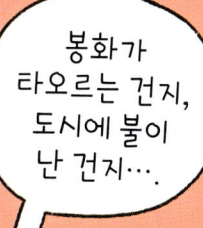

봉화가 타오르는 건지, 도시에 불이 난 건지….

봉화는 불을 붙이거나 꺼서 신호를 보내요. 그래서 어떻게 불을 붙이고 끌지를 먼저 정해야 했어요. 그래도 뭔가를 분명하게 설명하기는 힘들었어요. 1588년 영국이 스페인 무적함대의 공격을 받을 때 엘리자베스 1세와 그 신하들에게 경고하기 위해 해안을 따라 봉화가 타올랐어요. 하지만 봉화는 '이런, 엄청난 침입자야!'라는 소식 이상은 전달할 수 없었어요. 봉화는 말 그대로 화재경보기였어요.

설명하라

고대 그리스 시대인 약 2,200년 전에 폴리비오스라는 작가가 멀리 소식을 전하는 방법을 고민했어요. 그는 그리스 문자를 한 글자, 한 글자 사각형 안에 표시했어요. 가로 다섯 칸, 세로 다섯 칸으로 나뉜 사각형이었어요. 만일 A가 가로 한 칸, 세로 한 칸이라면 특정 표식을 기준으로 왼쪽에 하나, 오른쪽에 하나의 횃불을 붙여야 했어요. 가로 두 칸, 세로 세 칸인 M을 표시하기 위해서는 특정 표식의 왼쪽에 두 개, 오른쪽에 세 개의 횃불을 붙여야 했어요. 폴리비오스는 천재였던 것 같지만 그의 방법이 널리 사용되지는 않았을 것 같아요. 정말 귀찮을 것 같거든요.

전보 탑

이제 우리는 친구에게 문자를 보내요. 하지만 예전에는 전보를 쳤어요. 영어로 전보를 뜻하는 '텔레그래프telegraph'는 고대 그리스어로 '멀다'를 뜻하는 텔레와 '글쓰기'를 뜻하는 그래프가 합쳐진 말이에요. 전보는 무선 전파로, 그리고 전 세계에 깔린 케이블을 따라 이동해요. 아주 인상적이죠?

하지만 전자 장치가 발명되기 전에는 복잡한 메시지를 보내는 다른 방법들이 있었어요. 1700년대 후반 프랑스의 샤프 형제는 폴리비오스의 방법을 개선해서 꼭대기에 기둥이 설치된 높은 탑을 세웠어요. 이 기둥은 레귤레이터라 불렸고 네 위치로 움직일 수 있었어요. 레귤레이터에는 각각 일곱 위치로 움직일 수 있는 두 개의 날개가 달려 있었어요. 레귤레이터와 두 날개로 196개의 위치를 조합할 수 있었던 거죠. 샤프 형제는 이 조합을 이용해 부호책을 만들었어요.

폴리비오스는 단어의 철자를 하나하나 쓰려고 했던(시간이 오래 걸렸죠) 반면 샤프 형제는 탑에 있는 사람들이 부호책에서 단어를 찾아보게 했어요. '2, 45, 48'이라는 단순한 메시지는 '두 번째 책의 45페이지 48번째 단어'라는 뜻이었어요. 기발하죠? 이 정교한 체계 덕분에 혁명기의 프랑스는 국가가 발행하는 복권의 당첨 번호를 빠르게 전국에 알릴 수 있었어요. 많은 사람이 이번에도 떨어졌다며 투덜거렸죠.

소식은 빠르게 돈다

프랑스 밖에서는 전기를 이용한 장거리 메시지 전송이 유행했어요. 영국에서는 1837년 윌리엄 포터길 쿡과 찰스 휘트스톤이 전신을 발명했어요. 그들은 서로 다른 방향으로 전자석을 밀고 당겨서 다른 글자를 표시하는 방법을 생각해 냈어요. 메시지는 신호로 바뀌어 두툼한 케이블을 타고 말보다 더 빠르게 멀리 이동할 수 있었어요. 1858년 북아메리카와 영국을 연결하는 거대한 해저 케이블이 대서양에 깔렸어요(그 케이블은 금방 작동을 멈추었어요. 당황스러운 재앙이었죠. 하지만 몇 년 후 다시 연결되어 큰 성공을 거두었어요).

미국에는 1838년에 화가인 새뮤얼 모스가 고안한 전신기가 있었어요. 이 전신기는 전 세계에서 큰 인기를 얻었어요. 모스는 알파벳을 사용하는 대신 소리로 부호를 만들었어요! 시끄러운 점과 선과 여백이 글자를 나타냈죠. 이게 바로 '모스 부호'예요. 무선 기사들은 이 언어를 배워서 다른 사람이 읽을 수 있도록 종이에 옮겨 적었어요. 그들은 1분에 40~50개의 단어를 번역할 수 있었지요. 지금은 대단치 않게 여겨질 수도 있지만 1800년대 중반에는 입이 떡 벌어질 정도로 놀라운 기술 혁신이었어요!

전보는 세상을 바꿔 놓았어요. 원래 사람들은 몇 주 동안 멀리서 전해 올 소식을 기다리는 데 익숙했어요. 그런데 갑자기 런던에서 약 3,220킬로미터 떨어진 곳에서 크림 전쟁이 터졌다는 소식이 바로 그날 오후에 알려졌어요! 놀랍고도 강렬한 일이었어요. 사람들은 세상이 너무 빨리 돌아간다고 불평했어요. 의사들조차 신경 쇠약(미국에서는 '미국병'이라는 별명이 붙었어요)이라 불리는 새로운 상상의 질병이 사람들을 피곤하게 하고 머리 아프게 한다고 말했어요. 원인이요? 현대적인 삶의 속도예요! 정보가 너무 많아진 거예요!

전화

요즘에는 거의 모든 사람이 스마트폰을 갖고 있지만 나는 열아홉 살에야 처음으로 휴대용 전화기를 갖게 되었어요. 아주 기본적인 휴대 전화라서 인터넷도 거의 되지 않았고, 심지어 카메라도 없었어요. 하지만 놀랍도록 튼튼했죠(아빠의 잔디 깎는 기계에 부딪혔는데도 괜찮았어요). 당시에는 돌아다니면서 어디에서든 전화를 할 수 있다는 것이 놀랄 만큼 새로웠어요. 그러니 1800년대 후반에 전화가 처음 발명되었을 때는 얼마나 흥미진진했을까요?

전화 발명

여기, 질문이 하나 있어요. 누가 전화를 발명했을까요? 공식적인 대답은 1876년 스코틀랜드계 미국인 발명가인 알렉산더 그레이엄 벨이에요. 그런데 문제가 있어요.

벨 이전에 프랑스인 샤를 부르셀, 독일인 요한 필리프 라이스, 이탈리아인 안토니오 무치와 이노첸조 만제티 등이 전선을 따라 소리를 보내는 실험을 했어요. 그중 가장 논란이 많은 사람은 미국인 엘리샤 그레이예요. 그는 알렉산더 그레이엄 벨과 같은 날에 전화에 대한 특허를 특허국(새로운 발명품이 법적으로 등록되는 곳이에요)에 신청했어요. 엄청난 우연의 일치죠!

한편 안토니오 무치는 역사를 완전히 바꿀 뻔했어요. 벨이 성공하고 몇 년 후에 무치의 전화기가 세계 최초의 것으로 인정받았지만, 슬프게도 그는 너무 가난해서 특허를 갱신할 돈이 없었어요. 10달러만 있었어도 그는 통신업계에서 가장 힘 있는 사람이 되었을 거예요. 불쌍한 늙은 무치! 그는 부자가 되기엔 너무 가난했어요.

헬로!

벨이 자신의 전화기를 보여 주었을 때 토머스 에디슨은 너무 놀라서 '훌로!'라고 말했다고 전해져요. '훌로'는 1800년대에 흔히 사용한 감탄사였어요. 그러니까 주말에 선생님과 우연히 마주치면 하는 말이었죠.

벨과 에디슨의 이야기는 사실이 아닌지도 몰라요. 그래도 에디슨은 전화를 받았을 때 공식적인 인사로 '헬로!'를 제안했어요. 그는 전화선이 항상 열려 있을 것이고 통화의 시작을 알리는 전화벨 소리는 없을 거라고 생각했거든요. 그는 평범한 대화에서 쓰이지 않는 새로운 단어가 필요하다고 생각했어요. 그래야 그 말을 듣고 누군가가 전화를 받았다는 것을 알아차릴 테니까요.

'헬로'는 전화 통화에서 공식적인 인사가 되었고 일상적으로도 널리 쓰이게 되었어요. 이제 '헬로'는 세상에서 가장 인기 있는 단어 중 하나가 되었죠. 재미있게도 벨은 '헬로' 대신 해적들이 사용하는 '어호이'라는 말이 쓰이기를 바랐어요. 매일 '어호이!'라고 말하는 모습을 상상해 보세요. 여러분은 해적이 된 기분이겠죠!

예의를 지켜요

새로운 발명품이 등장하면 사람들은 새로운 행동 방식을 생각할 수밖에 없어요. 2020년 코로나바이러스가 세상을 덮치면서 사람들은 집에서 온라인으로 수업을 받고 일도 해야 했어요. 그러면서 그룹 영상 통화에서 차례대로 예의 바르게 말하는 것을 배웠어요. 그러지 않으면 서로 떠드느라 대화가 되지 않았겠죠. 이전에 없었던 새로운 기술인 전화가 등장한 1800년대 후반에는 더욱 혼란스러웠어요.

어떤 사람들은 낯선 사람이 전화기를 이용해 자신을 귀찮게 하거나 물건을 강제로 팔 거라고 걱정했어요. 상류층의 경우 남자가 여자에게 전화할 때 서 있거나 바지를 입지 않으면 예의가 없는 것인지 궁금해했어요. 통화하는 여자가 그를 볼 수 없는데도 말이죠! 사람들은 또한 전화선을 통해 병이 전염될 수 있다고 생각했어요. 웃기죠? 하지만 그처럼 경이로운 기술 없이 살았던 사람들에게 전화는 흥미롭고도 두려운 것이었어요.

자전거

학교 수업이 끝나고 비도 그쳐서 여러분은 집을 향해 자전거 페달을 밟고 있어요. 나는 어린 시절 여름 방학에 친구들과 함께 자전거 경주를 하곤 했어요. 숲속을 지나고 언덕 아래로 내려가는 동안 땅 위에 나온 울퉁불퉁한 나무뿌리에 걸려 튕겨 나가지 않도록 무척이나 조심했어요(안전모를 쓰는 건 아주아주 중요해요). 물론 우리의 산악자전거는 강하고 가벼워요. 게다가 기어도 21단이죠. 우리가 1800년대에 자전거를 타고 경주를 했다면 끔찍한 사고가 일어났을 거예요.

승객의 힘

자전거의 바퀴는 둘이에요. 영어로 자전거를 뜻하는 '바이시클bicycle'은 라틴어에서 유래했고 바퀴가 둘이라는 의미예요. 자전거의 역사는 600년 전 이탈리아 북부에 살았던 조반니 폰타나가 발명한 네 바퀴의 탈것에서 시작되었어요. 그가 만든 것은 자전거보다 골프 카트를 닮은 수레였어요. 승객이 커다란 기어를 감싼 밧줄을 당겨서 동력을 얻었어요. 동물이 끄는 대신 승객이 움직이는 탈것이었죠. 정말 혁명적인 아이디어였어요. 모든 사람이 완전히 무시했지만요…… 흠!

대략 275년 후인 1690년대에 자크 오자남이라는 프랑스 발명가가 비슷한 것을 내놓았어요. 그가 발명한 탈것은 두 명의 승객이 움직였어요. 한 명은 운전을 하고 다른 한 명은 페달을 밟아 동력을 공급했어요. 네 바퀴였기 때문에 바이시클은 아니지만 페달을 밟는 것은 자전거와 비슷했죠. 1700년대에 다양한 사람들이 비슷한 기계를 만들었지만 그 무엇도 인기를 얻지 못했어요. 할 수 없죠.

본셰이커를 조심해요!

'자전거를 발명한 사람'이라는 영광스러운 호칭은 아마 독일의 카를 폰 드라이스에게 돌아갈 거예요. 그는 1817년에 두 바퀴의 나무 자전거를 만들었어요. 이 나무 자전거에는 안장과 금속 바퀴가 있었지만 기어와 페달은 없었어요. 아, 꽤나 수상한 핸들도 있었죠. 사람들은 다리를 벌리고 안장에 앉아 바닥을 발로 찼어요. 아기들이 타는 목마가 어른용으로 바뀐 것 같았어요. 드라이스는 이걸 '러닝 머신'이라고 불렀어요. 러닝 머신은 속도를 내어 아래쪽으로 미끄러져 내려갔어요. 나와 내 친구들이 언덕 아래로 달렸던 것과 비슷하게 말이에요. 그러나 우리가 타는 자전거와 달리 러닝 머신은 뒷바퀴에 형편없는 브레이크만 있었어요. 많은 사람이 나무나 다른 사람들과 부딪혀 다쳤을 거예요! 러닝 머신의 인기는 곧 시들해졌어요.

1800년대 중반에야 마침내 자전거에 페달과 널찍한 핸들이 생겼어요. 이 새로운 디자인은 프랑스에서 시작된 것 같아요. 이 자전거는 '벨로시페'(빠른 발이라는 의미예요)라고 불렸어요. 그러나 여전히 기어가 없어서 페달을 밟기가 무척 힘들었어요. 자전거를 타기에는 길도 울퉁불퉁했고요. 사람들은 이 자전거에 '본셰이커'라는 별명을 붙였어요. 자전거를 타면 뼈까지 흔들린다는 뜻이었을 거예요.

하이 휠러

아무도 덜컹대는 자전거를 타고 싶어 하지 않았어요. 그래서 타고 다니기 편한 자전거를 만들려고 했지요. 1869년에 앞에는 거대한 바퀴가, 뒤에는 작은 바퀴가 달린 자전거가 나왔어요. 이제 자전거는 더욱 빨라졌어요. 자전거의 새로운 바큇살은 뼈까지 흔들어 대던 끔찍한 떨림을 줄여 주었어요. 그런데 이 자전거는 안장이 아주 높이 달려 있었어요. 당연히 올라타기가 쉽지 않았고 내리기는 더욱 고통스러웠어요! '하이 휠러'라고 부른 이 금속 자전거는 영국에서 '페니 파딩'이라는 새로운 이름을 얻었어요. 작은 파딩 동전 옆에 커다란 페니 동전(영국의 옛 화폐예요)이 놓인 것처럼 보였거든요.

하이 휠러는 이른바 '안전 자전거'(여러 단의 기어, 고무 타이어, 나지막한 높이가 특징이었어요)가 널리 광고된 1880년대에 인기가 식었어요. 새로 등장한 안전 자전거는 주로 여자들이 탔고 많은 소동을 일으켰어요.

자전거 얼굴을 조심하세요

빅토리아 시대의 영국 여자들에게 자전거는 정말 중요했어요. 그들에게 샤프롱(옛날 사교 행사 때 젊은 미혼 여성을 보살펴 주던 나이 든 여인) 없이 혼자 돌아다닐 수 있게 해 주었거든요. 여자들은 치맛자락이 자전거 바퀴에 감기자 자전거용 옷을 입기 시작했어요(앞에서 이야기했던 아멜리아 블루머가 기억나나요?). 합리적이죠? 그런데 많은 사람이 여자들의 옷에 분노했어요. 바지 입은 여자들? 비도덕적이고 틀려먹었어!

어떤 의사들은 자전거가 내장을 너무 많이 흔들어서(사실이 아니에요, 하하) 여자들이 아기를 가질 수 없게 된다고(사실이 아니에요, 하하하) 말했어요. 그리고 언덕을 너무 빨리 내려가면 보기 싫은 '자전거 얼굴!'이 된다고도(분명 사실이 아니라고요) 했어요. 여자들이 자전거를 못 타게 하려는 것이었어요. 사람들은 수천 년간 말을 탔어요. 그러다 자전거가 등장하고 여자들이 자전거를 타고 싶어 하자 우스꽝스러운 핑계를 수없이 만들었어요. 다행히도 그런 핑계는 먹히지 않았어요.

> 윽! 자전거를 타다가 저 여자의 얼굴이 어떻게 됐는지 봐!

그레그가 뽑은 최고의 자전거 사랑

중국은 자전거를 좋아하는 것으로 유명해요. 중국에는 5억 대의 자전거가 있는 것으로 추정돼요. 자전거는 1800년대 후반 유럽에서 중국으로 들어왔지만 1950년대까지 인기를 얻지 못했어요. 그러다 1970년대에는 모든 사람이 자전거를 갖게 되었고 출퇴근 시간에는 거의 모든 사람이 일터로, 집으로 페달을 밟았어요! 요즘에는 자동차가 훨씬 많지만, 그래도 자전거는 여전히 인기가 많아요.

감자 칩

자전거를 타고 집에 도착했어요. 자전거를 탔더니 배가 고파요. 간식 먹을 시간이에요. 건강에 좋은 과일을 조금 먹으면 어떨까요? 아니, 감자 칩 한 봉지를 먹고 싶다고요? 감자 칩은 이제 아주 흔한 간식이 되었지만 역시나 아주 길고 놀라운 역사를 가지고 있어요.

페루 감자

남아메리카 지도를 보면 서쪽에 뻗어 있는 거대한 안데스 산맥이 보일 거예요. 8,000년 전 그곳(지금의 페루와 볼리비아)에 살았던 사람들은 새로운 야생 식물을 재배하기 시작했어요. 추운 산악 지대에서도 잘 자라는 감자였어요.

감자는 좋은 작물이었어요. 에너지, 탄수화물, 비타민이 가득하거든요. 고대 안데스인들은 감자를 오래 저장하는 방법을 생각해 냈어요. 밤에 감자를 밖에 내놓아 얼린 다음 물기를 짜내고 다시 얼려서 햇볕에 말리는 방법이었어요. 놀랍게도 이렇게 말린 감자('추뇨'라고 해요)는 썩지 않고 10년 이상 보관되었어요. 옥수수가 흉년일 때는 추뇨가 생명을 구하는 비상식량이 되었죠. 추뇨에 물만 부으면 먹을 수 있어요. 석기 시대에도 사람들이 즉석 감자를 먹었던 셈이에요! 수천 년이 지난 오늘날에도 추뇨는 여전히 페루 요리에서 중요한 역할을 하고 있어요.

10년 동안 보관했는데, 아직도 맛있어.

앗! 난 감자 얼리는 걸 깜빡했네.

감자 공포

800년 전쯤 페루에는 강력한 잉카 제국이 있었어요. 하지만 1530년대에 스페인 정복자(스페인어로는 '콘키스타도르'라고 해요)들이 잉카를 패배시키고 다양한 작물을 아메리카에서 유럽으로 가져갔어요. 놀랍게도 맛있는 감자는 환영받지 못했어요.

스위스의 식물학자 가스파 바우힌은 새로 들어온 감자를 의심스럽게 보았어요. '왜 감자는 우툴두툴하고 울퉁불퉁할까?' 그는 감자가 분명 한센병이라는 끔찍한 질병을 일으킬 거라고 생각했어요! 아, 그리고 방귀도요! 부유한 사람들이 감자를 먹기엔 위험한 것으로 여겼기 때문에 주로 동물과 가난한 사람들이 먹었어요.

미안해요, 길버트. 감자 때문에 방귀가 나오네요.

하지만 아직 아무것도 안 먹었잖아요!

내가 아니었다고요!

누가 감자 칩을 처음 만들었을까요? 궁금증 해결!

감자 칩에 대해 얘기해 봐요. 누가 감자를 얇게 썰어서 튀기기로 했을까요? 유명한 이야기에 따르면 1853년에 미국 뉴욕 주 새러토가 스프링스의 요리사인 조지 크럼이 감자 칩을 처음 만들었다고 해요. 어느 날 아주 부유한 고객인 코넬리어스 밴더빌트가 프렌치프라이가 너무 두껍다고 불평했어요. 짜증이 난 크럼은 밴더빌트를 놀려 주려고 감자를 아주 얇게 잘랐는데, 밴더빌트는 오히려 마음에 들어 했어요! 그 뒤 소문이 퍼지면서 많은 사람들이 크럼의 감자 칩을 먹으러 왔어요.

재미있는 이야기죠? 슬프게도 사실이 아니에요! 밴더빌트는 그때 미국에 있지도 않았어요. 그런데도 이 이야기는 몇 년 후까지 사라지지 않았어요. 물론 크럼이 다른 손님들을 위해 짜증스럽게 감자 칩을 썰었는지도 몰라요. 하지만 이미 1817년 이후 요리책에 감자 칩 만드는 법이 몇 가지 실려 있었어요. 크럼은 멋진 사람이었지만 감자 칩을 처음으로 만들지는 않았어요.

한 세기 동안 사람들은 부엌에서 감자 칩을 만들어 바로 먹었어요. 그러다 1910년대에 처음으로 바삭한 감자 칩이 봉지와 통에 담겨 팔렸어요. 1920년대에는 프랭크 스미스라는 사람이 처음으로 감자 칩에 소금을 뿌렸어요. 이렇게 감자 칩은 건강하지 않은 간식이 되었어요. 특히 짭짤한 맛이 더, 더 먹고 싶게 하기 때문이에요! 다른 맛을 첨가한 감자 칩은 1950년대에 등장했어요. 미국에는 바비큐 소스 맛이 있었던 반면 영국과 아일랜드에는 소금과 식초 맛, 또는 치즈와 양파 맛이 있었어요.

파르망티에의 감자 심리학

하지만 잠깐만요. 유럽인들이 감자를 위험하다고 생각했다면 어떻게 감자 칩이 만들어졌을까요? 우리에게는 고마운 감자 슈퍼 영웅이 있어요! 프랑스의 요리 연구가인 앙투안 오귀스탱 파르망티에는 전쟁 포로였을 때 감자를 먹어 보았지만 한센병에도 방귀에도 시달리지 않았어요! 1772년 그는 과학자들에게 감자가 안전하다는 것을 보여 주었지만 일반 사람들도 안심시켜야 했어요. 그래서 그는 감자를 똑똑하게 홍보했어요.

그는 프랑스 왕족과 유명인들을 초대해 만찬을 열었어요. 그러면서 모든 요리를 감자가 아닌 다른 재료로 만든 것처럼 보이게 했는데, 사실은 모두 감자 요리였어요. 그는 왕비에게 감자 꽃을 머리에 꽂아 달라고 부탁하기도 했어요. 무엇보다 훌륭한 홍보는 파리 근처의 소작농들을 대상으로 한 것이었어요. 파르망티에는 들판에 감자를 심은 뒤 소작농들에게 이건 특별한 왕실의 작물이니 손대면 안 된다고 말했어요. 그러고는 군인들에게 지키게 했죠. 그는 군인들에게 밤에는 보초를 서지 말라고 했어요. 대담한 소작농들이 감자를 몰래 캐 가기를 바랐던 거죠.

아니나 다를까, 소작농들은 감자를 캐내 갔어요! 그리고 그들은 곧 감자가 말뿐만 아니라 사람에게도 맞는 작물임을 깨달았어요.

파르망티에 덕분에 감자는 위험한 것에서 맛있는 것으로 바뀌었고 1800년대쯤에는 많은 평범한 사람들이 감자를 먹었어요. 아일랜드에서 감자는 아주 중요한 작물이 되었지요. 그런데 1845년에 끔찍한 감자 역병이 아일랜드를 휩쓸면서 모든 감자가 썩어 버렸어요. 100만 명이 굶어 죽고 100만 명이 아일랜드를 떠나야 했어요. 이 끔찍한 비극은 오늘날까지도 아일랜드 사람들에게 아주 고통스러운 역사로 남아 있어요.

35 소파

짭짤한 스낵은 편안히 앉아서 먹는 것이 좋아요. 여러분이 나만큼 나이가 들면 편히 앉아 쉬는 것을 좋아할 거예요! 소파에 털썩 앉으면서 '아이고, 좋다!' 같은 소리를 낼지도 몰라요. 소파는 아라비아어인 '수파'에서 유래했어요. 수파는 피난처나 편안한 곳을 의미해요. 하지만 앉는 것이 항상 편하지만은 않아요.

세이자

유럽과 북아메리카에서는 사람들이 보통 의자, 소파, 벤치, 걸상 등 가구에 앉았어요. 하지만 동아시아 사람들은 전통적으로 바닥에 앉는 것을 편하게 여겼죠. 일본에서는 아마 볏짚과 골풀로 만든 다다미에 앉았겠죠. 여러 세기 동안 일본에서는 예의 바르게 앉는 자세를 세이자(정좌)라고 불렀어요. 요즘에는 책상다리를 하고 앉거나, 한쪽 무릎을 세우고 앉는 경우가 더 많아요. 여러분도 자주 그렇게 앉지 않나요?

세이자는 상대방을 존경한다는 표현으로, 무릎을 꿇고 앉는 거예요. 이때 등은 아주 곧게 펴야 하고 몸을 꼼지락거리면 안 돼요. 평생 이렇게 앉지 않았던 사람에게는 고통스럽죠. 꽉 조이는 바지를 입고 있다면 힘들어요. 오늘날 일본에서는 다도 의식 중인 경우를 제외하고는 세이자 자세로 앉지 않아요. 그렇지만 여전히 많은 사람이 바닥에 앉는 것을 좋아해요.

로마인처럼 앉기

여관과 식당에서 고대 그리스인과 로마인은 의자에 똑바로 앉았어요. 하지만 집에서 식사할 때 아주 부유한 고대 그리스인과 로마인은 옆으로 비스듬히 기대어 오른손으로 음식을 집었어요. 영어에서 '등을 기대다'라는 의미로 쓰이는 리클라인(이제는 등을 대고 눕는다는 뜻이에요)은 고대 그리스어인 '클리네kline'에서 나왔어요. 클리네는 옆으로 기대는 긴 의자를 의미해요.

이렇게 앉는 것은 휴식하기 위해서가 아니었어요. 다른 손님들에게 위엄과 예의를 보여 주려는 것이었어요. 음, 크게 트림이 나거나 포도에 목이 막힐 때까지 말이죠!

모든 사람이 위엄 있게 누울 수 있는 건 아니니까!

도와줘. 난 높은 곳이 무섭다고!

어, 어떻게 내려오게 하지?

권력의 자리

여러분의 집에서는 모두가 같은 의자에 앉겠죠. 하지만 500년 전 영국의 부유한 집에서는 남자는 큰 의자에 앉고 아내와 아이들은 등받이 없는 걸상에 앉았어요. 물론 가장 인상적인 의자는 왕좌예요.

거의 400년 전 샤 자한(남아시아 무굴 제국의 강력한 통치자로, 타지마할을 건설했어요)은 금과 보석으로 덮인 정말 아름다운 '공작 왕좌'에 앉았어요. 아주 멋진 공작이 새겨진 왕좌였어요. 그리고 1,000년 전 비잔틴 제국의 콘스탄티노플(지금의 튀르키예 이스탄불)에 있는 궁전에는 기계식 왕좌가 있었어요! 영국 웨스트엔드 뮤지컬에 등장하는 특수 효과 소품처럼 공중으로 솟아오르는 왕좌였어요. 그래서 황제는 다른 모든 사람보다 하늘에 더 가까워 보였어요. 혹시 왕좌가 공중에서 꼼짝하지 않아서 황제가 사다리를 타고 내려온 적은 없었을까요? 이제는 알 수 없어요!

1600년대에 프랑스의 루이 14세는 자신의 의자에만 팔걸이를 만들 수 있게 했어요. 여러분이 루이 14세와 함께 영화를 보러 간다면 그는 분명 의자의 팔걸이와 컵 거치대를 독차지할 거예요!

절대로 황금 의자에 앉지 마세요!

모든 의자가 앉기 위한 것은 아니에요. 1700년대 초에 강력한 전사인 오세이 코피 투투 1세는 서아프리카(지금의 가나)에 있는 경쟁자들을 정복하고 아산테 왕국을 세웠어요. 이에 왕의 주술사였던 오콤포 아노키에는 하늘에서 아름다운 황금 의자를 불러내어 오세이 코피 투투 1세에게 바쳤다고 해요. 이 의자는 너무 소중해서 아무도 앉을 수 없었어요. 의자는 동물 가죽 위에 놓였고 우산도 달려 있었어요. 햇빛에서 의자를 보호하기 위해서였어요. 아산테 왕국에서는 행사용 의자들이 아주 중요했고 그중에서도 이 황금 의자가 가장 중요했어요. 시카 드와 코피(금요일에 태어난 황금 의자)로 알려진 이 의자는 거의 왕 대접을 받았어요.

1800년대에 영국은 세 번째 시도 만에 아산테 왕국을 정복했어요. 1900년에 영국 장교인 프레드릭 호지슨이 성스러운 의자에 앉고 싶어 한다는 소문이 퍼졌어요. 이에 분노한 아산테 사람들은 폭동을 일으켰고 이 폭동은 '황금 의자 전쟁'으로 알려졌어요. 아산테가 패했는데도 아산테 사람들은 황금 의자를 숨길 수 있었고, 결국 호지슨은 그 의자에 앉을 수 없었어요.

그레그가 뽑은 최고의 수다 의자

역사 속에는 수많은 매력적인 가구가 등장하지만(고대 그리스에도 아기가 밥 먹을 때 앉는 의자가 있었다는 걸 아세요?) 내가 가장 좋아하는 건 1700년대에 프랑스에서 만든 카나페 콩피당(S자형 안락의자)이에요. 이것은 상류층 사람들이 서로 수다를 떨고 사귀기 편하게 디자인된 고급 소파예요. 서로 수다를 떨어서는 안 되는 두 사람이 다른 방향으로 얼굴을 돌리고 카나페 콩피당에 앉곤 했어요. 그 때문에 마치 다른 사람에게 이야기하는 것처럼 보였어요. 그렇게 누구에게도 의심받지 않고 서로의 비밀을 속삭일 수 있었던 거죠. 교실에도 이런 의자가 있으면 아주 재밌겠죠? 선생님은 좋아하지 않겠지만 말이에요.

탄산음료

짭짤한 스낵을 먹었다면 음료수가 필요하지 않나요? 계속 수분을 섭취해 주는 것이 중요해요! 나는 그냥 물이나 밀크티 한 잔이 좋아요. 달콤한 탄산음료가 내 이를 망가뜨린다는 걸 알거든요. 달콤한 탄산음료는 요즘 나온 것이 아니에요. 심지어 밍밍하고 오래된 물의 역사조차 사실은 그렇게 지루하지 않아요!

치유의 물

땅에서 콸콸 솟는 물은 때로 약으로 여겨져요. 1,500년 전쯤 고대 중국 허난 성의 사허 강에서 뜨거운 물이 솟았어요. 그 물은 쌀이 익을 만큼 뜨거웠어요! 이야기만 들어도 혀가 델 것 같죠? 하지만 그 지역의 도인들은 몸이 아주 아프면 그 물을 마셨고 40일 후에는 낫곤 했어요.

내가 자란 마을은 턴브리지 웰스예요. 1600년대 초에 천연 온천으로 유명해진 곳이죠. 누군가가 오래된 물뿌리개에 녹슨 못을 잔뜩 넣어 둔 것처럼 그 물은 지저분한 오렌지색이고 끔찍한 맛이 났지만요. 그 물에는 철분이 풍부했기 때문에 사람들은 의학적 치유력도 뛰어날 거라고 믿었어요. 한가로운 작은 마을이었던 턴브리지 웰스는 인기 여행지로 떠올랐어요. 1900년대 초에는 영국 왕인 에드워드 7세가 휴가를 보냈고, 그 덕분에 내 고향은 로열('왕의'라는 뜻이에요-옮긴이) 턴브리지 웰스라고 불리게 되었어요. 슬프게도 내가 명예 왕자로 임명되는 일은 없었지만 말이에요.

사람들은 물을 피했을까요?

역사책에 따르면 옛날 사람들은 더럽고 위험한 물 대신 알코올을 마셨다고 해요. 음, 정확한 사실은 아니에요. 많은 나라에서 차나 약한 알코올 음료(맥주, 와인, 벌꿀 술, 발효유 등)를 좋아했어요. 때로는 이런 음료의 칼로리가 높아서 사람들에게 더 많은 에너지를 주었기 때문이에요.

사실 많은 옛날 사람이 물을 마셨어요. 다만 그 물이 요강을 비우는 곳에서 흘러온 것은 아닌지 주의해야 했지요!

탄산수

누가 탄산음료를 만들었을까요? 아주 똑똑한 영국 과학자 조지프 프리스틀리('지우개'라는 말을 만든 바로 그 사람이에요)예요.

프리스틀리는 이산화탄소가 처음 발견된 무렵에 살았어요. 그는 맥주를 만드는 과정에서 이산화탄소가 나오는 것을 보려고 가까운 맥주 공장에 들르곤 했어요. 이산화탄소가 어떻게 만들어지는지 궁금했거든요. 1767년 그는 산과 석회로 실험을 시작했고, 1772년에 탄산수 만드는 법을 발표했어요. 그는 탄산수가 모든 질병의 치료제가 되길 바랐죠. 그런데 재미있게도 그의 방법으로 탄산수를 만들려면 물을 담을 돼지 오줌보가 필요했어요. 프리스틀리의 경쟁자는 프리스틀리의 탄산수에서 돼지 오줌 맛이 난다고 말했죠! 프리스틀리는 그 말이 달갑지 않았어요.

몇 년 뒤인 1783년, 요한 야콥 슈웹스라는 사람이 프리스틀리의 방법으로 탄산음료를 만들어 팔았어요. 거의 250년이 지난 지금 그는 없지만 그의 회사는 남아 있어요. 탄산수는 몸에 좋은 것으로 여겨졌지만, 사실 그렇게 몸에 좋지는 않아요!

여기, 신선한 돼지 오줌보가 있어요.

달고 새콤한 과일 맛

내가 가장 좋아하는 음료는 집에서 만든 산딸기 레모네이드예요. 거기에 민트 잎을 올리면 더 고급스러워지죠. 사람들은 아주 오랫동안 맛있는 과일 탄산음료를 만들어 왔어요. 단순한 레모네이드는 1,000년 전 중세 이집트에서 처음 만들어졌어요. 그때 이집트에서는 새콤한 레몬에 사탕수수를 넣어 단맛을 더했죠.

하지만 입안을 톡 쏘는 달콤한 음료는 오래전에도 있었어요. 2,500여 년 전 현재의 시베리아와 중앙아시아에서 말을 타고 유목 생활을 했던 스키타이인들은 새콤한 체리로 진한 시럽을 만들어 마셨어요. '아스크후'라고 불린 것이었어요.

사탕수수가 더 필요해!

그레그가 뽑은 역사상 최고의 음료

이란에서는 1,000년 역사의 음료를 마실 수 있어요. 세칸자빈 또는 샤르바트(여기서 셔벗이라는 말이 생겼어요)라고 불려요. 달콤한 꿀과 새콤한 식초로 만든 이 음료에는 과일, 민트, 장미 꽃잎 등이 더해졌어요. 이 음료는 프리스틀리의 탄산수처럼 건강에 좋은 것으로 여겨졌어요. 더운 곳에 사는 사람들이 이 음료를 마셨기 때문에 대개 얼음이 들어 있었어요. 중세의 슬러시였죠.

건강하지 않은 건강 음료

전 세계에서 가장 인기 있는 탄산음료는 코카콜라예요. 맛은 있지만 몸(또는 이)에 좋지 않아요. 하지만 1886년에 나온 콜라는 몸에 좋은 시럽이라고 광고되었어요. 콜라를 만든 사람은 미국 조지아 주의 애틀랜타에 살았던 존 스티스 펨버턴이었어요. 그는 코카 잎을 증류하여 카페인과 설탕을 넣고 시럽을 만들어 지역 약국에서 팔았는데…… 잘 팔리지 않았어요. 콜라를 사 간 사람들은 스스로 탄산수를 섞어 마셔야만 했어요.

펨버턴의 친구인 프랭크 로빈슨이 코카콜라라는 이름과 로고를 만들었지만 여전히 큰 성공을 거두지는 못했어요. 그러다 펨버턴이 이 회사를 유능한 사업가 에이사 G. 캔들러에게 팔았어요. 상품을 어떻게 광고해야 하는지 알았던 그는 코카콜라가 두통과 피로를 없애 줄 거라고 주장했어요. 또한 콜라를 만드는 법은 비밀이라고 말했죠. 사람들은 아주 흥미로워했어요. 누가 미스터리를 좋아하지 않겠어요!

돈

탄산음료는 공짜가 아니에요. 여러분은 냉장고에서 탄산음료를 그냥 꺼내면 되지만, 그러려면 가족 중 누군가가 그걸 사다 놓아야겠죠. 탄산음료를 사려면 돈을 내야 해요. 그러면 돈은 뭘까요? 기이하게도 무엇이든 돈이 될 수 있어요. 모두가 그걸 돈이라고 인정한다면 말이죠! 역사 속에는 그런 놀라운 돈이 가득해요.

삽이 돈

헛간의 삽을 보고 '나는 부자다!'라고 외치는 사람은 없을 거예요. 하지만 중국의 전국 시대에는 그렇게 외칠 수 있었어요. 2,700년 전에 격렬한 반란이 일어나면서 정치적 혼란이 빚어지자 주나라 통치자들은 삽, 칼, 다리 모양으로 새로운 화폐를 만들기로 했어요.

삽 모양의 돈은 말 그대로 손잡이가 없는 삽처럼 생겼어요. 칼 모양의 돈은 날이 무딘 칼처럼 생겼죠. 다리 모양의 돈은 무지개다리처럼 휘어져 있었어요. 세 가지 모양의 커다란 금속 덩어리는 점차 크기가 작아졌어요. 멋지죠?

그레그가 뽑은 가장 가치 없는 돈

재미있는 이야기를 들려줄게요! 2,500년 전쯤 고대 그리스의 스파르타 사람들은 탐욕을 경계했어요. 그래서 정치인인 리쿠르고스는 금과 은 대신 쇠막대를 돈으로 쓰게 했어요. 하지만 사람들은 쇠막대를 녹여 다른 물건을 만들려고 했지요. 정부는 이를 금지시켰어요. 더 나아가 식초로 쇠를 훼손해서 쓸모없게 만들었어요. 문제는 외국인들이 스파르타인에게는 아무것도 팔려 하지 않았다는 거예요. 음, 스파르타 사람들이 녹슨 철을 돈으로 썼기 때문이에요!

당신, 나에게 바위 하나 빚졌어요

여러 세기 동안 얍 제도(태평양 한가운데의 미크로네시아 연방 공화국에 속해요)에서는 가운데에 구멍이 뚫린 돌 원반 수천 개가 돈으로 쓰였어요. 이건 '라이스톤'이라고 불려요. 어떤 라이스톤은 아주 작지만 무게가 몇 톤이나 나가는 커다란 라이스톤도 있어요! 사실 이렇게 크고 무거우면 옮길 수가 없어요. 그래서 라이스톤은 주인이 바뀌어도 그 자리에 그대로 있었어요.

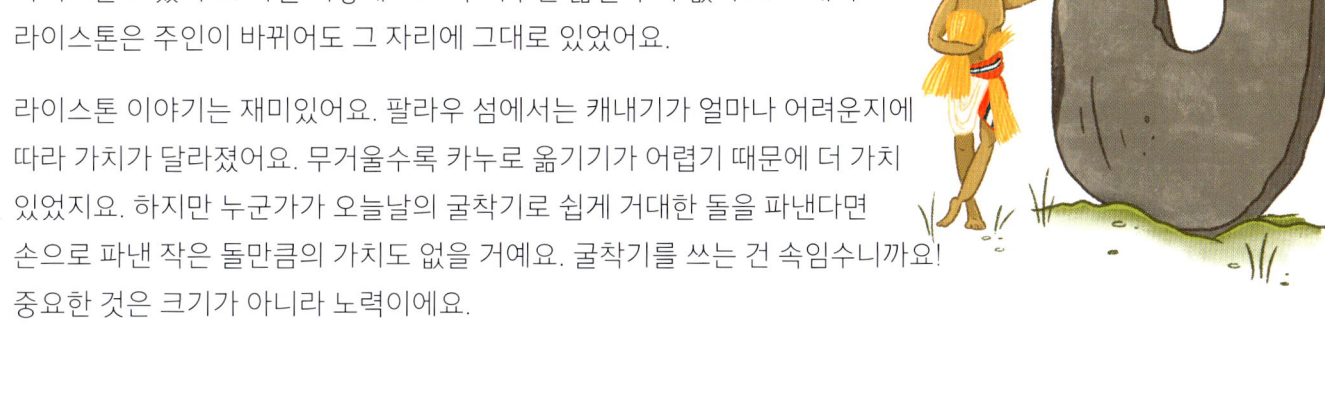

라이스톤 이야기는 재미있어요. 팔라우 섬에서는 캐내기가 얼마나 어려운지에 따라 가치가 달라졌어요. 무거울수록 카누로 옮기기가 어렵기 때문에 더 가치 있었지요. 하지만 누군가가 오늘날의 굴착기로 쉽게 거대한 돌을 파낸다면 손으로 파낸 작은 돌만큼의 가치도 없을 거예요. 굴착기를 쓰는 건 속임수니까요! 중요한 것은 크기가 아니라 노력이에요.

동전과 현금

물론 4톤짜리 돌 원반을 자판기에 넣기는 아주 힘들어요. 대신 우리는 동전, 지폐, 신용 카드, 앱을 사용해요. 최초의 동전은 2,600년 전 고대 그리스의 도시인 리디아(지금의 튀르키예예요)에서 만들어졌어요. 사자 무늬가 찍힌 납작하고 불규칙한 모양의 금 조각이었어요. 중요한 것은 모양이 아니라 무게가 같다는 것이었어요. 나는 내가 구운 과자의 모양이 모두 제각각일 때 이런 변명을 해요…….

종이돈은 1,200년 전쯤 중국에서 등장했어요. 중국 사람들은 똑똑하게도 동전(그리고 삽)은 무거운 반면 종이는 무겁지 않아서 가지고 다니기 쉽다는 걸 알았어요. 유럽과 북아메리카에서는 종이돈이 거의 1,000년 동안 만들어지지 않았어요(좀 당황스럽죠). 그러다 1600년대에야 종이돈이 등장했어요.

금속 동전과 달리 종이돈은 정부의 승인이 없으면 완전히 가치가 없어요. 정부가 승인하는 화폐를 피아트 커런시라고 해요. 종이돈은 실제 돈이 아니라 나중에 진짜 돈, 즉 금을 주겠다는 약속이에요. 하지만 우리 중 누구도 금을 갖고 있지 않아요, 그렇죠? 다시 말해 우리가 뭔가를 살 때는 상상의 금이 움직이는 거예요. 스파르타인들의 가치 없는 쇠막대와 별로 다르지 않아요. 돈이란 참 기묘하지 않나요?

보드게임

저녁이 다가와요. 가족의 화합을 위한 시간, 어쩌면 다툼을 위한 시간이에요! 나는 보드게임을 좋아해요. 오랫동안 궁리했던 한 수로 모두를 깜짝 놀라게 하면 정말 신나요. 나는 게임에서 상대의 허점을 상당히 잘 파고든답니다.

그런데 여러분은 인류가 5,000년 동안이나 치열하게 보드게임을 해 왔다는 사실을 아세요?

청동기 시대의 게임

네, 가장 초기의 보드게임은 청동기 시대까지 거슬러 올라가요. 고고학자들이 고대 이집트와 메소포타미아(지금의 이라크)에서 아름다운 게임판을 발견했거든요. 이집트 왕족과 귀족은 세네트라는 게임을 좋아했어요. 좁은 사각형 게임판의 한쪽 끝에서 반대쪽 끝으로 말을 옮기는 게임이에요. 이집트인들은 어떤 말을 얼마나 움직일지 정하기 위해 고대의 주사위인 손가락 관절뼈를 던졌어요. 역사학자들은 그 게임이 무서운 신들과 장애물을 지나 사후 세계로 가는 여정을 나타낸다고 생각했어요.

메소포타미아에서 했던 우르의 왕족 게임은 이집트의 게임과 비슷하지만 게임판 한가운데가 좁아서(한 칸이었어요) 지나가기가 더 힘들었어요. 이 게임은 오늘날의 주사위 놀이에 영향을 준 것으로 보여요. 어떤 아이디어는 절대 사라지지 않아요.

전쟁 게임

체스는 아마 1,500년 전 고대 인도에서 시작되었을 거예요. 당시 체스는 '차투랑가'라고 불렸지요. 그러다 1,300년 전쯤 중동에 소개되었을 때 체스(페르시아어로 왕이라는 뜻이에요. 게임에서 이기려면 상대의 왕을 잡아야 하기 때문에 이런 이름이 붙었지요)라는 새 이름을 얻었어요. 체스는 적보다 앞서는 것이 목표였기 때문에 전투 전략을 연습하는 데 적합했어요. 대량 학살 게임이지만 실제 폭력은 없어요(음, 그러길 바라요).

체스는 독특한 게임이 아니에요. 아프리카에는 두 명이 차례로 게임을 하는 전략적 보드게임이 많아요. 이 게임들은 각각 이름이 있지만 뭉뚱그려서 '만칼라'라고 불려요. 가나의 오와레는 48개의 씨앗으로 하는 게임이에요. 두 사람이 스물네 개의 씨앗을 열두 개의 항아리에 옮기고 농부처럼 씨앗을 뿌려요. 게임에서 이기려면 상대의 씨앗을 하나라도 따야 해요. 체스보다 덜 폭력적이죠!

그러면 체스는 어떻게 인기를 얻었을까요? 1,100년 전 거대한 이슬람 제국인 우마이야 왕조가 중동, 북아프리카, 스페인을 정복하면서 체스가 퍼져 나갔어요. 스페인은 아라비아어로 알안달루스라고 불렸고 기독교도들은 그곳에 사는 이슬람교도를 무어인이라고 불렀어요. 종교적으로 적이었는데도 무어인이 지배하는 스페인에서 기독교도가 사는 유럽의 다른 지역으로 체스가 전해졌어요. 한편 체스는 중동에서 일본, 중국, 결국에는 러시아까지 동쪽으로도 퍼졌어요. 모든 사람이 체스를 하고 싶어 했어요!

젠장! 카드놀이나 할까요?

그레그가 뽑은 최고의 체스 게임

내가 가장 좋아하는 중세의 이야기(경고 : 사실이 아닐지도 몰라요)가 있어요. 그 이야기에 따르면 약 950년 전 남부 스페인의 도시인 세비야의 운명이 체스 게임으로 결정되었다고 해요. 기독교도 왕인 카스티야의 알폰소 6세가 세비야에 사는 이슬람교도들을 공격했을 때 이슬람 시인인 무함마드 이븐 아마르가 알폰소 6세에게 체스를 한 판 두자고 했어요. 체스에서 이기는 사람이 세비야를 갖자는 것이었죠. 다행히 이븐 아마르는 체스 고수였고 알폰소 6세는 집으로 돌아가야 했어요. 멋진 이야기죠? 현대의 전쟁도 신속하게 게임으로 끝낸다면 얼마나 좋을까요!

코끼리 또는 비숍

중세 유럽인들은 체스를 좋아했지만 체스 판의 말을 몇 개 바꿨어요. 페르시아에서 쓰던 전차처럼 생긴 말이 유럽에서는 룩(성)이 되었고 페르시아의 고관(총리)은 여왕으로 바뀌었어요. 가장 재미있는 것은 코끼리예요. 페르시아의 체스 판에는 코끼리가 있었어요. 하지만 유럽 사람들의 전쟁터에는 코끼리가 없었기 때문에 코끼리는 비숍으로 바뀌었어요. 믿음이 깊은 비숍(주교)이 어떻게 코끼리와 같을까요?! 내가 비숍이었다면 아주 기분 나빴을 거예요!

스코틀랜드 루이스 섬에서 발견된 체스 말이 중세의 체스 말 중 가장 유명해요. 이 아름다운 말들은 800년 전쯤 노르웨이에 살았던 바이킹 장인이 바다코끼리의 상아와 고래 이빨로 조각한 것이었어요.
이 체스 말에서 가장 내 마음에 드는 건 재미있는 표정의 전사들이에요. 특히 슬리퍼를 우적우적 씹는 화난 개처럼 자신의 방패를 물어뜯는 남자요!

나랑 하나도 안 닮았어!

이긴 사람이 모두 갖는다

1800년대에 특히 영국에서 새로운 보드게임이 크게 유행했어요. 많은 보드게임이 아이들에게 인생, 지리, 역사를 가르치기 위해 고안되었죠. 게임은 재미있고 교육적이었지만, 때로 교육이라는 목적이 조금 희미해졌어요. 모노폴리를 예로 들어 볼까요? 모노폴리를 하면서 호텔을 사들이면 부자가 된 느낌이 들죠. 모노폴리는 미국인 리지 매기가 만들었어요. 그녀는 현대의 삶이 불공정하다고 생각했죠.

리지 매기는 1903년에 지주 게임을 만들었어요. 이 게임에는 두 종류의 규칙이 있었어요. 첫 번째 규칙으로 게임을 하면 모두 성공했어요. 반면 두 번째 규칙으로 게임을 하면 한 사람이 모든 것을 갖게 되었어요. 리지는 첫 번째 규칙이 더 공정하다는 것을 사람들이 깨닫기를 바랐어요. 이 게임은 대학에서 인기가 많았어요. 그러던 어느 날 이 게임의 이기적인 규칙이 마음에 들었던 찰스 대로라는 사람이 뻔뻔하게도 자신이 이 게임을 만들었다고 주장했어요! 그러고는 리지가 만든 게임을 장난감 회사에 팔아 백만장자가 되었어요. 하지만 리지는 몇백 달러밖에 받지 못했어요. 정말 불공정한 모노폴리죠?

비디오 게임

다른 사람들과 함께하는 보드게임도 재밌지만 때로는 혼자 하는 게임도 좋죠. 나는 비디오 게임을 즐긴답니다. 아마 여러분도 비디오 게임을 좋아할 거예요. 놀라운 묘기를 벌이고 전투를 하고 전 세계를 탐험하고, 심지어 세계를 건설할 수도 있으니까요! 분명히 최첨단 비디오 게임은 아주 오래되지 않았어요. 만약 비디오 게임이 나오기 전으로 돌아가 마인크래프트를 하고 싶다면 여러분은 가장 가까운 채석장으로 달려가 진짜 곡괭이를 휘둘러야 했을 거예요! 하지만 비디오 게임은 여러분이 생각하는 것보다 오래되었어요. 사실 여러분의 증조부모님도 비디오 게임을 했을지 몰라요.

니마트론

역사상 최초의 게임기는 1940년 미국의 핵 물리학자 에드워드 콘던이 만들었어요. 네, 아케이드 게임은 제2차 세계 대전만큼 오래되었어요. 콘던의 게임기는 니마트론이라고 불렸어요. 니마트론은 (어떤 사람들은 고대 중국의 게임이라고 주장하는) 님(중국어로는 '지안 시지')을 하기 위해 설계된 강력한 컴퓨터였어요. 님은 수학 전략 게임이었어요. 님에는 바닥인 네 번째 줄에 일곱 개, 세 번째 줄에 다섯 개, 두 번째 줄에 세 개, 꼭대기에 한 개 등 피라미드 모양으로 쌓인 열여섯 개의 막대가 있어요. 게임을 하는 두 사람이 각각의 줄에서 원하는 만큼 차례로 막대를 집어요. 누구든 마지막 막대를 집는 사람이 지는 거예요. 간단하죠? 네. 쉽죠? 아뇨!

콘던의 니마트론은 뉴욕 세계 박람회에 전시되었어요. 이때는 막대가 필요 없었어요. 불이 밝혀진 전구를 끄면 됐으니까요. 니마트론과 대결했던 10만 명 중 단 1만 명만 이겼어요.

아케이드 퍼레이드

니마트론은 시대를 아주 앞서갔어요. 1960년대 후반까지는 다른 어떤 게임기도 나타나지 않았어요. 그러다 1972년 아타리라는 회사가 아주 성공적인 아케이드 게임기를 내놓았고 이 게임기가 술집, 레스토랑, 볼링장, 놀이공원에 설치되었어요. 이 게임기에 동전을 넣으면 퐁이라는 게임을 할 수 있었어요. 퐁은 기본적으로 디지털 탁구였어요. 사람들은 컴퓨터 또는 친구와 대결할 수 있었어요. 모두가 가장 높은 점수를 받고 싶어 했고 자기 이름이 게임기 위에서 반짝이길 바랐어요.

집에서 게임하기

집에서 게임을 할 때는 동전을 넣지 않아도 돼요(여러분의 가족이 정말 구두쇠가 아니라면요). 1960년대와 1970년대에도 사람들은 게임을 하기 위해 항상 오락실에 가지는 않았어요. 네, 최초의 가정용 게임기는 1967년에 만들어졌어요. 이 게임기에는 두 손으로 잡는 조종 장치가 있었고, 여러 게임을 할 수 있었죠(골프와 레이저 슈팅을 하려면 부속 장치가 필요했어요). 불행히도 이 게임기는 '브라운 박스'라고 불렸는데 음, 정말 형편없는 이름이에요! 칙칙하죠? 그 후 1972년 '매그나복스 오디세이'라는 훨씬 세련된 이름을 달고 다시 나왔어요. 네, 정말 멋진 이름이에요! 하지만 가장 인기 있었던 초창기 가정용 게임기는 아타리에서 만든 제품이었어요. 1980년에 아타리 2600 게임기가 200만 미국 가정에 들어갔고 게임의 혁명이 시작되었죠.

함께 게임하기

아마 여러분은 온라인으로 다중 플레이어 게임을 하겠죠? 음, 별로 새로운 게임은 아니에요. 인터넷이 발명되지 않고 아주 빠른 와이파이도 나오기 전인 1970년대에 이미 '엠파이어'라고 불리는 게임이 있었으니까요. 최대 30명이 참여하는 우주 슈팅 게임이었어요. 여러 기기를 연결하는 플라토라는 컴퓨팅 시스템 덕분에 대학 사람들(학생과 직원들이 비싼 컴퓨터를 이용할 수 있었어요)은 서로 다른 도시에 살면서도 함께 게임을 할 수 있었어요. 이건 대규모 온라인 다중 플레이어 게임의 시작이었어요. 비록 소규모 온라인 다중 플레이어 게임에 더 가까웠지만 말이죠.

굉장한 베스트셀러

혁명적인 아타리 2600에서 가장 인기 있는 게임 중 하나는 스페이스 인베이더였어요. 요란하게 총을 쏘는 다중 플레이어 게임인 엠파이어와 상당히 비슷했어요. 그러다 당시 유행했던 전쟁 게임과는 다른 두 가지 게임이 등장했어요. 첫 번째는 1980년에 나온 엄청나게 중독적인 일본 게임 팩맨이었어요. 노란색의 파이 모양 캐릭터가 사악한 고스트를 피해 미로 주위를 돌아다니면서 알갱이를 먹어 치우는 게임이었어요. 이 게임을 하다 보면 'O'을 배우게 되죠. 하지만 게임이 반드시 논리적이어야 하나요?

두 번째 게임은 테트리스였어요. 하늘에서 떨어지는 여러 형태의 블록을 움직이고 회전시켜서 빈틈을 채우는 게임이었어요. 테트리스는 1984년에 러시아의 소프트웨어 엔지니어인 알렉세이 파지노프가 취미 삼아 몰래 설계했어요. 그는 이 게임이 유행하기를 바란 적이 없지만 곧 모스크바 전역에서 이 게임을 즐기는 사람이 늘어 갔어요. 테트리스는 중세의 체스처럼 점차 전 세계로 퍼져 나갔어요. 당시는 냉전 중이라서 공산 국가 소련(지금의 러시아)은 미국과 영국의 적이었어요. 그런데도 미국에서 테트리스는 게임 속에 등장하는 유명한 러시아 성과 함께 아주아주 러시아다운 게임이라고 요란하게 홍보되었어요.

> 우리는 러시아와 전쟁 중이야! 그러니까 그들의 게임을 해선 안 돼… 아, 그런데 이건 재미있네.

다행히 일본 회사 닌텐도가 테트리스 게임을 사들여서 일이 쉽게 풀렸어요. 1989년 손에 쥐는 닌텐도 게임보이에 테트리스가 장착되었고 유명한 러시아 민요인 「코로베이니키」가 삐삑대는 전자음으로 들어갔어요. 게임이 시작되면 기억하기 쉬운 이 배경음이 되풀이되었죠! 우리 머릿속에 영원히 박힐 때까지요. 나는 30년 동안 테트리스를 하지 않았지만 지금도 그 노래를 흥얼거릴 수 있어요. 두 두두두 두두두 두두두 두 두 두 두 두 두 두 두…… 내 말이 맞죠?

이제 여러분은 운 좋게도 놀랍도록 실감 나는 비디오 게임을 할 수 있어요. 때로는 오래된 것이 가장 좋지만 말이에요.

온도 조절 장치

게임을 마치고 나니 갑자기 쌀쌀해지네요. 집 안이 얼어붙을 듯이 추운 것을 보면 누군가가 온도 조절 장치를 건드린 게 분명해요. 현대와 과거의 삶에서 가장 두드러진 차이점 중 하나는 바로 냉난방 방법이에요. 우리는 겨울에 난방을 틀고 여름에 에어컨과 선풍기를 켜요. 하지만 옛날 사람들은 전기 없이도 집을 따뜻하게 또는 시원하게 하는 방법을 찾았어요.

온돌

고대 로마인들은 최고의 기술자였어요. 그들이 만든 뛰어난 장치 중에 하이포코스트가 있었어요. 이것은 지하층에서 굴뚝이나 벽돌 기둥을 타고 올라온 온기로 타일 바닥을 따뜻하게 하는 난방 방식이었어요. 지하층에는 노예들이 연료를 던져 넣는 커다란 화로가 있었지요. 아, 정말 따뜻했을 거예요!

하이포코스트는 순전히 로마인만의 생각이 아니었어요. 동아시아에도 같은 난방 방식이 널리 쓰였지요. 고대 한국인들은 온돌이라 불리는 정교한 기술을 사용했어요. 대개 부엌에서 불을 때면 그 열이 흙바닥 아래에 만들어진 긴 통로를 따라 집 전체를 덥힌 다음 굴뚝으로 빠져나갔어요. 중국의 난방 방식은 온돌과 비슷하지만 바닥 전체를 덥히지는 않았어요. 한쪽에 벽돌로 침대처럼 쌓아 올린 부분만 덥혔지요. 거기서 사람들은 쉬거나 잠깐 잠을 잤어요.

위험한 보일러?

1800년대 난방에는 커다란 금속 장치가 쓰였어요. 유럽과 북아메리카의 부유한 사람들은 커다란 주철 벽난로를 설치하기 시작했어요. 벽난로 안에서 불이 맹렬히 타오르는 동안 그 열기가 펌프를 통해 근처 방으로 전해지거나 긴 파이프를 통해 다른 곳으로 전달되었어요. 하지만 방 안에 따뜻한 공기를 퍼뜨리는 가장 좋은 방법은 라디에이터였어요. 라디에이터는 1840년대 미국에서 발명되었어요. 뜨거운 물이 라디에이터의 관을 통해 빠르게 흐르면서 방 안을 따뜻하게 해 주었어요.

그런데 안전이 문제였어요. 앞에서 1800년대 빅토리아 시대 사람들은 화상을 입을 만큼 뜨거운 물로 샤워를 했다는 이야기를 했는데, 기억나죠? 물을 데우는 보일러에서는 때로 아주 높은 압력의 증기가 뿜어져 나왔어요. 이런 경우 파이프가 튼튼하지 않으면 잔뜩 부푼 풍선처럼 폭발해 버리곤 했죠. 자칫하면 집 전체가 무너질 수도 있었어요. 슬프게도 옛날에는 먹고 입고 자는 것 자체가 아주 위험할 수 있었어요.

부채 부치는 사람

1947년까지 영국은 남아시아를 지배했어요. 남아시아에 살았던 부유한 영국인들은 여름을 시원하게 보내기 위해 천장에서 아래까지 아주 거대한 펑카를 늘어뜨리고 인도인 하인들에게 부치게 했어요. 펑카는 돛과 비슷했는데 그 끝이 밧줄 달린 도르래에 연결되어 있었어요.

이 펑카를 움직이는 하인(펑카왈라)들은 한 번에 여덟 시간씩 그 밧줄을 당겼다 놓았다 해야 했어요. 펑카는 집 안에 부드러운 산들바람을 일으켜서 부유한 영국인들을 시원하게 해 주었지만 밖에 있는 펑카왈라는 숨 막히는 태양 아래에서 고통을 받았어요.

옛날 사진들을 보면 펑카왈라는 허리에 밧줄을 묶고 누워 있어요. 그러면 손에서 밧줄이 빠져나갈 일은 없었어요. 아주 지독한 일이었어요. 그들은 인종적으로 영국인보다 열등하게 여겨졌어요. 임금도 적어서 부업을 하는 경우가 많았지요. 아주 지쳐서 햇볕 아래에 누워 있는 여러분의 모습을 상상해 보세요. 여러분은 금세 잠들 거예요, 그렇죠? 슬프게도 펑카왈라가 잠들면 주인에게 매를 맞고 발에 차였어요. 끔찍해요!

고대의 에어컨

요즘에는 많은 건물에 에어컨이 있어요. 전기로 작동되는 에어컨은 1900년대 초에 처음 판매되었죠. 물론 그전에도 더위를 이겨 보려는 다양한 시도가 있었어요.

그중 가장 인상적인 것은 고대 중국 황제의 기술자들이 궁전을 시원하게 하기 위해 만든 기계예요. 하인들이 일곱 개의 바퀴를 돌려서 움직이는 아주 큰 부채였어요. 700년대 중반쯤(당나라 때예요) 이 부채들은 개조되어 분수의 힘으로 움직이게 되었어요.

난 이 큰 부채가 정말 좋아.

옛날 사람들이 더위를 해결하는 방법은 더 단순했지만 그래도 효과가 있었어요. 고대 이집트인들은 파피루스를 나일 강물에 적신 다음 창문에 걸었어요. 산들바람이 불어오면 파피루스가 방 안에 시원한 수증기를 뿌렸고 사람들은 부드럽게 물을 맞는 느낌이었어요. 그런데 이보다 훨씬 영리한 방법이 있었어요. 바로 윈드캐처였어요. 윈드캐처는 5,000년 전쯤에 만들어졌지만, 놀랍게도 이집트와 중동에서 지금까지도 사용되고 있어요. 많은 전기가 필요한 에어컨보다 훨씬 환경친화적이기 때문이에요. 그런데 윈드캐처는 어떻게 작동하는 걸까요?

안에 구멍이 뚫린 탑, 경사진 덮개, 수많은 팔이 달린 사각형 기둥 등 윈드캐처의 모양은 다양했어요. 건물 위에 세워진 윈드캐처는 사막에서 불어오는 시원한 산들바람을 붙잡아 건물로 내려보내요. 건물 안에 신선한 바람을 불러들일 뿐만 아니라 뜨거운 공기를 건물 밖으로 밀어내고 햇볕에 달구어진 바깥벽을 식혀 주죠. 이렇게 기발한 윈드캐처는 전체 건물(그리고 그 안의 사람들)이 오븐 안처럼 뜨거워지는 것을 막아 줘요!

시원해 보이는군.

그렇지?

통조림

배에서 꼬르륵 소리가 나요. 저녁 먹을 시간인가 봐요! 부엌 찬장을 들여다보면 매혹적인 역사를 간직한 온갖 음식과 도구들이 있어요.
흥미로운 것은 통조림이에요. 통조림은 프랑스군의 승리를 위해 만들어졌죠. 계획대로 프랑스가 승리하지는 못했지만 말이에요.

꼬르륵

꼬르륵

통조림의 탄생

전투 중인 군인들은 가까운 들판에서 식량을 훔치거나 규칙적으로 식량을 받았어요. 고국에서 멀리 나와 있다면 식량을 받기가 힘들었지요.
식량은 오래 저장되지 않아서 단 며칠 만에 곰팡이가 생기곤 했죠. 고기에는 소금을 많이 뿌려야 했어요. 선원들은 종종 건빵이라 불리는 건조하고 짭짤한 비스킷을 먹어야 했고요.

1795년 프랑스 정부는 음식을 오래 보관하는 방법을 찾기 위해 큰 상금을 걸었어요. 1809년에 니콜라 아페르가 자신이 생각해 낸 방법을 발표했어요. 제과점 주인이었던 그는 달콤한 과일을 젤리 형태로 보존했어요. 그러다 음식을 유리병에 넣고 밀봉한 다음 끓이는(병 안의 박테리아를 죽이기 위해서예요) 방법을 개발했지요. 재미있게도 아페르는 그 방법이 어떻게 음식의 부패를 막아 주는지 몰랐어요. 당시에는 세균이 음식에 어떤 영향을 미치는지 아무도 몰랐거든요.

하지만 유리병은 전쟁터에 적합하지 않았어요. 떨어뜨리면 깨지고 너무 오래 가열하면 터지니까요! 그래서 필립 드 지라르라는 발명가가 유리병을 금속 캔으로 바꿨어요. 프랑스에서는 발명으로 돈을 벌기가 힘들었기 때문에 지라르는 아이디어를 팔고자 당시 프랑스의 적이었던 영국으로 몰래 갔어요. 그 후 피터 듀런드가 지라르의 아이디어를 사서 브라이언 동킨에게 팔았어요.

동킨은 곧 양철 캔을 만들어 영국 육군과 해군에 공급했어요. 그런데 1815년에 영국군은 누구와 싸웠을까요? 네, 프랑스군이에요! 프랑스군은 전쟁에서 승리하기 위해 상금까지 내걸고 음식을 오래 보관하는 방법을 찾았어요. 하지만 결국 그 방법은 워털루 전투에서 영국군이 이기는 데 도움을 주었어요. 이런! 하지만 통조림이 일으킨 혁명은 세상을 변화시켰어요.

이봐, 그거 우리 거잖아. 따라쟁이!

냉장고

이제 우리는 어떤 계절에든 어떤 음식이든 먹을 수 있어요. 사실 이 글을 쓰고 있는 지금은 겨울인데도 나는 맛있는 포도를 먹고 있어요. 어떻게요? 음식이 썩거나 곰팡이가 생기기 전에 지구 반대편에서 재빨리 운반해 주는 운송망(비행기, 기차, 배, 트럭) 덕분에요. 대부분의 음식은 냉장 운송되기 때문에 세균이 번식하지 못해요. 우리는 집에서도 냉장고에 음식을 넣어 두죠. 하지만 옛날 사람들은 음식을 신선하게 보관하는 다른 방법을 찾아내곤 했어요.

햇볕에 말린 곡식

나이지리아 같은 곳에서는 깔개나 지붕에 곡식을 널어 햇볕에 말리는 것이 오랜 전통이었어요. '일광 건조'라고 하죠. 식량을 햇볕에 말려 습기를 없애면 부패를 막을 수 있어요. 게다가 곡식에 숨어서 알을 낳는 벌레도 죽일 수 있죠. 맛있는 오기(옥수수, 수수 등을 발효시켜 만든 죽 같은 서아프리카 음식-옮긴이)에 벌레가 꿈틀대는 건 아무도 바라지 않을 테니까요! 때로 농부들은 작물을 커다란 다발로 만들어 나무, 막대, 곳간 지붕에 매달아 놓거나 밀짚 덮개 안에 걸어 놓아요. 아주 오래된 방법이지만 오늘날에도 효과가 좋아요.

소금 한 줌

여러분은 음식에 소금을 넣나요? 음식이 조금 싱겁다면 소금을 뿌리겠죠? 그런데 내가 묻는 건 간을 맞추기 위해 소금을 뿌리는 것이 아니에요! 음식이 상하는 것을 막기 위해 소금을 뿌리는 것이죠. 냉장고가 나오기 전에는 소금을 뿌리면 고기가 빨리 건조되면서 세균이 자랄 수 없었어요. 어떤 고기는 소금을 뿌려 몇 년! 동안 보관할 수 있었어요. 로마 군인들은 소금 뿌린 소시지를 가지고 다녔어요. 한편 고대 이집트인들은 소금물에 다양한 고기를 넣었어요. 당시에 유통 기한은 필요 없었지요.

몇천 년 동안 북아메리카의 원주민들은 페미컨을 먹었어요. 페미컨은 무스(북아메리카의 큰 사슴), 사슴, 엘크, 소, 들소 고기로 만들었죠. 소금은 뿌리지 않았어요. 대신 얇게 썰어 햇볕에 말린 뒤 거의 가루가 되도록 두드렸죠. 그렇게 두드린 고기를 녹인 동물 지방, 맛있는 야생 베리와 섞은 다음 가죽 주머니에 넣어 굳혔어요. 페미컨에는 단백질과 칼로리가 가득해서 캐나다에 있던 유럽의 가죽 상인들이 따라 만들기 시작했어요. 나중에는 유럽의 탐험가들이 남극과 북극의 얼어붙은 땅에 갈 때 페미컨을 가져갔어요.

기발한 얼음 창고

여러분의 냉장고는 반짝반짝 새것처럼 보일지도 몰라요. 하지만 냉장고는 오래전부터 있었어요. 청동기 시대 메소포타미아(지금의 이라크)의 유적을 보면 3,800년 전에도 얼음이 특별한 건물에 저장되었음을 알 수 있어요. 2,400년 전 고대 페르시아인들은 지하 구덩이를 파고 그 위에 원뿔 모양의 건물을 지었어요. 야크찰이라고 불리는 이곳에는 산에서 운반해 온 얼음이 저장되었어요. 페르시아 사람들은 야크찰에서 얼음을 만들 수도 있었어요. 물론 얼음을 만들기는 어려웠지요! 페르시아 사람들은 윈드캐처(기억하죠?)로 밤새 물을 차갑게 해서 얼음을 얼렸어요. 야크찰은 태양열을 막아 주는 두툼한 진흙 벽돌로 지었어요. 내부 온도는 점차 내려가서 0도 이하가 되었어요.

이런 기발한 방법으로 얼음을 만들었다는 건 무슨 뜻일까요? 중세에 얼음이 전 세계에서 널리 팔렸다는 거예요. 1600년대쯤에는 얼음 창고가 영국, 특히 부유한 사람들의 정원에 지어졌어요. 거대한 얼음 창고가 주요 도시 아래에도 지어져 상점과 식당에서 얼음이 판매되었어요. 사실 1800년대에는 얼음 장수가 집으로 얼음을 배달해 주었어요.

43 나이프, 포크, 숟가락

드디어 저녁 먹을 시간이에요. 맛있는 음식을 먹기 위해 자리에 앉아요. 아마 음식은 그릇에 담겨 있다가 여러분의 입안으로 들어갈 거예요. 전 세계 수십억 명의 사람들에게 그릇은 특별한 물건이 아니에요. 석기 시대 후반 사람들도 진흙 그릇에 음식을 담아 먹었으니까요. 하지만 무엇으로 음식을 자르고 무엇으로 음식을 입에 넣는지는 더 복잡한 이야기예요.

핑거 푸드

음식을 먹는 데 가장 많이 쓰인 도구는 무엇이었을까요? 손이에요! (고대 로마인, 유대인, 바빌로니아인, 이집트인을 포함한) 수많은 사람이 손가락으로 음식을 먹었어요. 오늘날 많은 국가에서도 마찬가지예요. 손을 쓰면 음식을 먹는 것이 더 즐거워지고 음식을 나누기도 더 쉬워진다고들 해요. 그래도 음식은 오른손으로 먹는 것이 일반적이에요. 왼손으로는 엉덩이를 닦아야 하기 때문이죠.

그러나 손으로 뜨거운 수프를 떠 먹기는 아주 어렵기 때문에 수만 년 전에도 조개껍데기로 숟가락을 만들었어요. 흥미롭게도 로마인들에게는 '코클레아리움'이라는 숟가락이 있었어요. 라틴어로 '코클레아르cochlear'는 달팽이 껍데기를 뜻해요. 우연일까요? 아마 아닐 거예요.

포크 소동

숟가락과 마찬가지로 나이프도 상당히 오래되었어요! 나이프는 아주아주 이른 석기 시대인 200만 년 전에 등장했어요. 대부분의 중세 유럽인은 다목적 나이프를 허리띠에 걸고 다니다가 음식을 잘라 먹곤 했어요. 네, 그때는 누군가의 집에 식사 초대를 받았다면 나이프, 포크, 숟가락 등을 가져가야 했죠. 하지만 요즘 허리띠에 포크를 걸고 가면 친구들이 깜짝 놀랄 거예요…….

사실 포크는 종종 사람들을 깜짝 놀라게 했어요. 원래 포크는 입에 고기를 넣기 위해서가 아니라 고기를 자르는 동안 붙잡고 있기 위해서 쓰였어요. 그러다 972년에 비잔틴 제국(지금의 튀르키예)의 테오파노 공주가 독일 사람인 오토 왕자와의 결혼 피로연에서 작은 황금 포크를 꺼내 음식을 먹었어요. 그 모습을 보고 모두가 겁에 질렸지요. 무시무시한 행동이었거든요! 1300년대에도 대부분의 이탈리아 사람들이 손으로 스파게티를 집어 먹었어요. 그들은 점차 포크를 받아들였지만 영국 사람들은 그러지 못했어요. 1608년 이탈리아에서 돌아온 영국 작가 토머스 코랴트가 만찬에서 포크를 사용하자 친구들이 놀랐지요.

1700년대까지 포크는 끝이 두 갈래로 나뉘었고 아주 곧게 뻗어 있었어요. 이후 세 번째 갈래가 더해지고 포크의 머리도 휘기 시작했어요. 이제 포크는 음식을 찌를 때뿐만 아니라 뜰 때도 쓰였어요. 1800년대에는 끝이 넷으로 갈라진 포크가 유럽에 들어왔지요. 하지만 유명한 작가 찰스 디킨스는 1840년대에 미국을 여행하면서 곧게 뻗은 두 갈래짜리 포크를 여전히 쓰는 미국인들을 보고 놀랐어요. 그의 눈에 미국인들은 칼을 삼키는 서커스 단원처럼 보였지요!

그레그가 뽑은 최고의 숟가락

현대의 나이프, 포크, 숟가락 등은 스테인리스로 만들어져요. 스테인리스는 1910년대에 발명되었고 그 전에는 양철, 구리, 놋쇠로 나이프, 포크, 숟가락을 만들었어요. 그런데 양철, 구리, 놋쇠는 산성 물질에 닿으면 화학 반응을 일으켰어요. 구리 팬으로 산성 음식을 요리하거나 구리 숟가락으로 산성 음식을 먹으면 음식이 더 달콤하거나 더 시게 느껴졌어요. 최악의 경우에는 라디에이터를 핥는 듯한 맛이 났죠! 금속 맛을 보고 싶지 않다면 순금 숟가락을 사야 했어요. 금은 산성에 반응하지 않으니까요.

잘게 다지기

한국, 중국, 일본, 베트남 같은 아시아 국가에서는 포크에서 이상한 맛이 나도 상관이 없었어요. 그들은 포크보다 젓가락을 더 좋아하니까요. 젓가락은 7,000년 전쯤 중국에서 발명되어 1,500년 전쯤 다른 나라들로 퍼진 것 같아요. 원래 젓가락은 끓는 기름 팬에서 고기와 채소를 집는 요리 기구로 사용되었어요. 그러다 2,500년 전쯤 음식을 집어 먹는 도구로 쓰이기 시작했어요. 당시에는 연료가 부족해서 요리를 할 때에도 땔감을 적게 쓰려고 했어요. 그래서 식재료를 작게 한입 크기로 잘라 요리하게 되었죠.

젓가락은 값비싼 원료인 놋쇠, 은, 칠기, 아름다운 돌(옥과 마노 등)로 만들어지기도 했지만 대개는 대나무가 사용되었어요. 중세 중국에서는 음식에 독이 들어 있으면 은 젓가락의 색이 변한다고 믿었어요. 대단하죠? 하지만 불행히도 그건 진실이 아니에요. 은은 마늘이나 양파에도 색이 변하거든요. 아마 많은 사람이 음식에 독이 없어도 독이 있다고 생각했을 거예요! 좀 어설프죠.

헤드폰

여러분이 가장 좋아하는 노래는 뭔가요? 지금 당장 그 노래를 들을 수 있나요? 아마 두어 번만 버튼을 누르면 들을 수 있을 거예요, 그렇죠? 여러분은 정말 운이 좋아요! 1700년대 사람들은 가장 좋아하는 가수의 노래를 평생 한 번밖에 못 들었을지도 몰라요! 여러 번 들었다고 해도 어딘가에 그 노래를 담아 둘 수는 없었어요. 녹음 기술이 없었기 때문이에요. 그래서 옛날 사람들은 노래를 불러 줄 사람을 찾거나 노래를 직접 배워야 했어요(울부짖는 고양이 같은 목소리를 갖지 않았다면 말이죠).

듣기 좋은 떨림

음향 기술이 등장하면서 모든 것이 변했어요. 1877년에 축음기를 발명한 토머스 에디슨(전구도 발명했죠) 덕분이에요. 축음기는 아주 기발한 장치였어요. 소리는 기본적으로 공기의 진동이에요. 이 진동이 축음기에 달린 나팔에 포착되었어요. 이렇게 포착된 진동은 아래로 보내져 양철 포일 또는 왁스 실린더에 바늘로 새겨졌어요. 얍, 녹음되어라! 크랭크가 실린더를 회전시키고 바늘이 왁스의 홈을 따라 움직이면 녹음된 소리가 흘러나왔어요. 네, 맞아요. 소리의 질도, 크기도 형편없었어요. 아, 그리고 처음에는 노래를 몇 번 재생하고 나면 왁스 실린더가 망가졌어요. 그래도 정말 멋졌어요!

난 이게 좋아요. 다시 틀어 줘요!

그... 그럴 수가 없어요.

축음기

1887년에는 독일의 에밀레 베를리너가 축음기를 내놓았어요. 에디슨의 축음기보다 음질이 좋았어요. 음악은 실린더 대신 평평한 원반(아연과 왁스로 만들었어요)에 기록되었지요. 특이하게도 베를리너는 아이들을 위한 색다른 선물로 초콜릿 레코드를 팔았어요. 난 음악을 좋아하지만 그걸 먹고 싶은지는 모르겠네요?!

축음기는 멋졌지만 여전히 문제가 있었어요. 음악가의 연주는 마스터 디스크(마스터 음반)에 담겨서 수백 번 복제되었어요. 그러고 나면 너무 심하게 손상되었어요. 그래서 1만 명이 노래를 사고 싶어 하면 연주가는 50번쯤 녹음해야 했어요! 이런 상황을 피하기 위해 어떤 음악가는 동시에 몇 개의 축음기에 녹음했어요. 똑똑하죠? 하지만 같은 방 안에 수많은 거대한 축음기뿐만 아니라 전체 오케스트라를 밀어 넣는 것은 조금 힘들었어요!

발명가인 베를리너는 엔리코 카루소, 넬리 멜바 같은 유명한 오페라 가수와 함께 일했어요. 모든 사람이 그들의 노래를 듣고 싶어 했기 때문에(그때 오페라는 놀라울 정도로 인기가 많았어요!) 많은 돈을 벌 수 있었어요. 베를리너는 정말 기억에 남는 광고를 했어요. 축음기에 귀를 기울이는 강아지 그림과 함께 '주인의 목소리'라는 문구가 붙은 광고였어요. 이 광고는 오늘날까지도 유명해요.

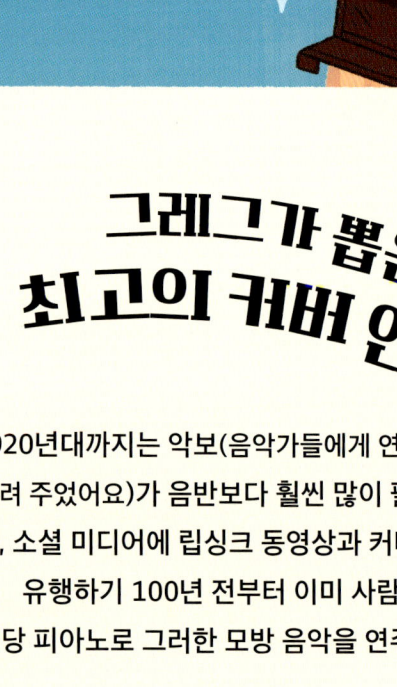

그레그가 뽑은 최고의 커버 연주

1920년대까지는 악보(음악가들에게 연주할 음을 알려 주었어요)가 음반보다 훨씬 많이 팔렸어요. 네, 소셜 미디어에 립싱크 동영상과 커버 연주가 유행하기 100년 전부터 이미 사람들은 식당 피아노로 그러한 모방 음악을 연주했어요.

음악은 어디에든

처음에는 대부분의 사람들이 축음기를 살 수 없었어요. 그래서 그들은 축음기 가게에 갔지요. 그곳에는 현대의 오락실과 비슷하게 동전을 넣는 축음기가 있었어요. 사람들은 동전을 넣은 다음 소리가 나오는 관에 귀를 대고 노래, 농담, 유쾌한 휘파람(네, 정말로요!), 연설 등 3분 길이의 음반에 들어가는 것이라면 무엇이든 들었어요. 축음기 가격이 점차 내려가면서 사람들은 집에서 음악을 들을 수 있게 되었어요. 비록 축음기의 크랭크를 돌려 음반을 회전시켜야 했지만요! 1900년에는 400만 장의 음반이 팔렸고 1920년까지는 1억 장이 팔렸어요.

그건 음악 혁명의 끝이 아니었어요. 1920년대에 새로운 라디오 기술이 세상을 정복했어요. 이제 고급 전기 마이크가 등장하여 소리의 질과 크기가 훨씬 좋아졌죠. 라디오는 사람들이 즐기는 음악의 종류도 바꿨어요. 미국 사람들은 아프리카계 연주자들이 만든 흥미로운 음악을 좋아하게 되었어요. 바로 재즈였어요. 매미 스미스라는 가수는 '크레이지 블루스'로 100만 장의 음반을 팔았어요. 당시 그 노래는 너무나 감동적이었어요. 사실 지금도 여전히 그렇죠!

이리저리 움직이는 음악

1948년 축음기의 왁스 디스크가 플라스틱 LP(Long Play) 판으로 바뀌었어요. LP는 각각의 면에 21분 길이의 음악을 담을 수 있었어요. 1963년에는 필립스 사가 카세트테이프를 내놓았어요. 카세트테이프는 자기 테이프가 감긴 작은 상자였어요. 처음에 카세트테이프는 화난 뱀처럼 씩씩대는 소리를 냈지만 금세 음질이 좋아졌어요. 카세트 플레이어는 차에도 설치되어 사람들이 운전 중에도 노래를 따라 부를 수 있었어요. 음악은 어디에든 갈 수 있게 되었어요!

1979년 소니 워크맨과 함께 엄청난 발전이 일어났어요. 카세트 플레이어인 워크맨 덕분에 헤드폰으로 음악을 들을 수 있었어요. 이제 아무도 음악 취향으로 여러분을 판단할 수 없었지요(고백하자면, 나는 헤비메탈을 좋아해요!). 테이프 하나에 스무 곡이 실렸고 달리기, 롤러스케이트, 행글라이더, 수영 등을 하면서 어디에서든 음악을 들을 수 있었어요. 1982년에는 CD가 등장했고 음질이 더욱 좋아졌어요. 하지만 최고의 기기는 1997년에 등장했어요. 바로 디지털 MP3 플레이어였어요! 여기엔 수백 곡의 노래가 저장되었어요. 하나의 기계에 내 모든 음악이 담겼을 때의 기분이란! 그때 얼마나 흥분했는지 지금도 생생하게 기억해요. 마치 미래 세계가 온 듯했어요.

개

오늘 밤에 함께 놀 사랑스러운 반려동물이 있나요? 만일 있다면 여러분은 아주 오래된 전통을 이어 가는 거예요. 비록 과거에 동물들은 몹시 힘든 일을 해야 했지만 말이죠. 그렇다고 해서 옛날에는 사랑받는 반려동물이 없었다는 건 아니에요. 아마 가장 사랑받은 반려동물은 개였을 거예요. 개는 석기 시대부터 인간에게 최고의 친구였으니까요.

최고의 친구

과학자들은 껴안고 싶은 사랑스러운 강아지가 언제 크고 무서운 늑대로부터 진화되었는지 연구했어요. 적어도 1만 5,000년 전에는 그런 진화가 일어났을 거예요. 하지만 어떤 과학자들은 그보다 훨씬 더 오래되어 4만 년 전에 진화했을 거라고 주장해요. 인기 있는 이론에 따르면 사람들은 가장 순한 새끼 늑대들을 데려다가 길들여서 사냥개로 만들었다고 해요. 몇 세대 후에 강아지들은 다정한 본성을 타고나게 되었고 신체적으로도 늑대와 다르게 진화했어요. 한편 어떤 과학자들은 늑대가 먹이와 쉼터를 얻기 위해 인간과 어울리면서 스스로 길들여졌다고 말해요.

어쨌든 효과가 있었어요! 하지만 크고 사나운 늑대가 사냥감을 물어 오지 않으려 하면 석기 시대 사람들은 조금 무서웠을 거예요. 그리고 자신들이 늑대를 길들인 것이 실수였다고 생각했겠죠.

착하지, 늑대야.

바빌론의 사냥개

석기 시대 이후 사람들이 농사를 지으면서 더는 사냥을 하지 않아도 되었어요. 개는 반려동물로 자리를 잡아 갔어요. 청동기 시대인 4,000년 전쯤 메소포타미아(지금의 이라크)에 살았던 바빌로니아 사람들은 정말 개를 좋아했어요. 그들의 예술 작품에는 산책하는 귀여운 개들과, 강아지들을 돌보는 엄마 개가 나와요. 중요한 건물 입구에는 경비견의 조각상도 세워졌죠. 악령으로부터 건물 안의 사람들을 지켜 주기 위해서예요.

바빌로니아 사람들은 개를 의술의 여신인 굴라와 연관 지었어요. 굴라는 개와 함께 나타나곤 했어요. 바빌로니아 사람들은 개에게 못되게 굴면 굴라가 병을 고쳐 주지 않을 거라고 믿었어요! 바빌로니아의 왕과 상류층은 사냥개와 함께 사냥을 즐겼어요.

바빌로니아에서 가장 마음에 드는 것은 개에 대한 많은 속담과 격언이에요. 이 속담과 격언은 설형 문자(기억나요?)로 쓰였어요. 예를 들면 이런 것들이에요.

> 개들 없는 도시에서는 여우가 대장이다.

> 늙은 개도 함께 놀다 보면 다시 강아지로 변한다.

> 대장장이의 개는 모루 대신 물그릇을 뒤집는다.

> 개가 주인에게 말한다. 내 기쁨이 당신에게 중요하지 않다면 나를 잃어도 신경 쓰지 않겠죠!

> 개는 '먹어'라는 말은 알아듣지만 '내려놔'라는 말은 알아듣지 못한다.

이 속담들은 개가 친절과 애정의 대상이었음을 보여 줘요. 하지만 바빌로니아 사람들은 개가 영역에 집착하고 고집이 세고 약간 버릇이 없을 수도 있음을 알았어요! 우리가 몇 세기에 살고 있는지는 중요하지 않아요. 어느 시대든 개는 우리의 신발을 씹고 싶어 할 테니까요.

"넌 분명히 스마일페스티인데!"

이름에 무엇이 들어 있기에

우리 개가 다람쥐를 쫓아 달려가 버리면 우리는 이름을 불러 돌아오게 해요. 개에게는 어떤 이름이 좋을까요? 역사를 돌아보면 재미있는 대답을 찾을 수 있어요. 600년 전 중세 영국의 요크 공작 에드워드는 『사냥의 고수』라는 책을 썼어요. 이 책에는 사냥개의 이름이 1,000개 이상 실려 있어요. 대부분의 이름은 개가 무엇을 잘하는지 설명하는 것이었어요. 노즈와이즈('코로'라는 뜻), 클렌치('악물다'라는 뜻), 홀드패스트('꽉 물기'라는 뜻)는 냄새를 잘 맡거나 강한 턱으로 잘 무는 개에게 어울리는 이름이었어요. 스마일페스티는 환하고 얼빠진 미소를 짓는 친근한 개였을 거예요. 특이하게도 크랩이 개 이름으로 흔히 쓰였고(크랩은 게라는 뜻인데도 말이에요) 에드워드는 음, '이름 없음'이라는 이름도 개 이름으로 제안했어요. 좀 이상하죠!

헨리 8세의 두 번째 왕비인 앤 불린에게는 퍼코이라는 개가 있었어요. '왜'를 뜻하는 중세 프랑스어에서 따온 이름이었어요. 분명히 그녀의 개는 약간 놀란 듯한 얼굴이었어요. 마치 앤 불린이 항상 개에게 수학 문제를 풀게 하는 것처럼요.

미국의 첫 대통령인 조지 워싱턴은 개를 많이 길렀어요. 그는 개에게 마담 무스, 스윗 립스('달콤한 입술'이라는 뜻), 트루러브('진정한 사랑'이라는 뜻), 팁시('술 취한'이라는 뜻), 드렁커드('주정뱅이'라는 뜻) 같은 아주 우스꽝스러운 이름을 붙여 주었어요. 이는 그 개들이 버릇없었음을 보여 줘요! 그중 가장 버릇없는 개는 벌칸(로마 신화에 나오는 불과 대장장이의 신 불카누스의 영어 이름-옮긴이) 이라고 불렸어요. 한번은 벌칸이 구운 햄을 몽땅 훔쳐 먹는 바람에 만찬을 망친 적도 있어요.

고양이

개를 좋아하지 않는다고요? 그러면 아마 여러분은 고양이 인간이겠죠. 여러분이 고양이와 합쳐진 사람이라는 뜻이 아니에요. 고양이와 합쳐진 사람은 선더캣츠(미국과 일본이 함께 만든 애니메이션의 등장인물로, 우리나라에는 '무적의 왕자 라이온'이라는 제목으로 소개되었어요)니까요(멋지죠!). 옛날에 고양이는 괜히 욕을 먹곤 했어요. 고양이들의 이야기는 수천 년 전에 시작되죠.

얼룩무늬 고양이 길들이기

개와 달리 고양이는 스스로 길들여진 것 같아요. 내가 아는 모든 고양이가 혼자 돌아다니는 것을 좋아하지만 말이에요. 그렇게 혼자 돌아다니는 건 여전히 약간의 야생성이 남아 있다는 증거예요. 9,500년 전의 사이프러스에서 고양이는 인간과 가까운 무덤에 묻혔어요. 고양이가 반려동물로 여겨졌다는 뜻이지요. 농부가 수확한 곡식을 쥐들이 야금야금 먹어 치웠고 야생 고양이가 쥐들을 사냥하기 위해 마을로 슬그머니 들어갔을 거예요. 그리고 이 야생 고양이들이 길들여졌겠죠.

농부들은 쥐를 없애 주는 동물이 있어서 기뻤을 거예요. 고양이는 사람들 가까이에 머물면 살아가기가 훨씬 쉬울 것임을 깨닫고 마을 주변을 어슬렁거리기 시작했을 거예요(그래야 사람들이 남긴 저녁 식사를 얻어먹을지도 모르니까요). 그건 놀라운 일이 아니에요. 우리 동네의 길고양이들도 저녁을 또 얻어먹기 위해 이웃집 뒷문 앞에서 슬프고 가냘프게 야옹거리거든요!

거기 있어도 돼!

그레그가 뽑은 가장 특이한 반려동물

역사 속 기록을 보면 기묘한 반려동물이 참 많았어요. 1800년대 초에 영국 시인 바이런 경은 반려 곰과 함께 대학에 나타났어요! 몇십 년 후에는 프랑스 시인 제라르 드 네르발이 반려 바닷가재를 비단 줄에 묶고 함께 산책했어요. 그리고 고대 로마의 상류층인 루키우스 리키니우스 크라수스는 자신의 반려 장어들에게 금귀고리를 걸어 주었어요. 나는 장어에게 귀가 있는 줄도 몰랐는데 말이죠!

파라오와 고양이

여러분은 고양이를 좋아하나요? 하지만 아무리 고양이를 좋아해도 고대 이집트인들만큼은 아닐 거예요. 그들은 말 그대로 고양이를 숭배했어요!

고대 이집트에서 고양이는 여성과 가정의 여신인 바스테트를 상징했어요. 바스테트는 고양이 머리의 여자로 그림에 등장해요. 바스테트는 아주 중요한 여신이었기 때문에 그 이름을 딴 도시(부바스티스)도 있었어요. 부바스티스에서는 바스테트를 기리는 신성한 사원을 짓고 큰 축제를 열었어요. 고양이는 아주 특별하게 여겨졌기 때문에 때로 보석을 받기도 했어요(로마의 장어만 화려하게 치장한 게 아니었어요).

고대 이집트인들은 반려 고양이의 죽음을 아주 슬퍼했어요. 그래서 고양이를 구하기 위해서라면 불 속에도 뛰어들었죠. 아주 사랑받은 고양이가 죽으면 사람들은 슬픔을 표하기 위해 눈썹을 밀었어요. 고대 그리스 작가 디오도루스 시쿨루스에 따르면 어느 로마인이 이집트를 방문했다가 우연히 고양이를 죽였다고 해요. 그는 화난 이집트인들에게 공격을 받아 죽임을 당했어요.

하지만 잠깐만요! 충격적이게도 고고학자들은 수백만 구의 고양이 미라를 발견했어요. 이 고양이들은 사랑받는 반려 고양이가 아니었어요. 신들에게 바치기 위해 죽임을 당한 뒤 선물처럼 포장된 고양이들이었죠! 고대 이집트인들은 고양이를 별로 좋아하지 않았던 걸까요?

전쟁터의 고양이

고양이는 이집트인들에게 아주 특별했어요. 그래서 이집트 군대의 약점이 되기도 했지요. 기원전 525년에 페르시아 황제 캄비세스 2세가 이집트를 침략했어요. 황제는 펠루시움 전투에서 교활한 전술을 사용했어요. 그의 군대는 방패에 고양이를 그렸어요. 그러자 이집트인들은 고양이 그림을 맞힐까 봐 화살을 쏘지 못했어요. 당연히 전투에서도 지고 말았죠. 재앙 같은 패배였어요!

안 돼! 고양이는 안 된다고!

중세의 고양이

모두가 이집트인들 같지는 않았어요. 다시 말해 옛날 고양이들이 늘 최고의 대접을 받은 건 아니에요. 전염병이 돌면 사람들은 고양이를 잡아 죽였어요. 고양이가 병을 퍼뜨린다고 생각했거든요. 마녀 사냥이 심했던 시기(1500년대와 1600년대에 많은 여자들과 일부 남자들이 마술 혐의로 고발당했어요)에는 검은 고양이가 마녀의 친구이자 변장한 악마로 여겨졌어요. 뭐, 고양이가 쥐에게 못되게 구는 건 맞지만, 그렇다고 사악한 악마인지는 모르겠어요!

어쨌든 그런 이유로 고양이는 심하게 학대당했어요. 그럼에도 고양이는 전 세계에서 아주 흔한 반려동물이었어요. 중세에는 집에 고양이가 드나드는 문이 있었어요. 영국 맨체스터의 체담 도서관에도 600년 전부터 고양이가 드나드는 문이 있지요. 1380년대에 쓰인 제프리 초서의 시「밀러 이야기」(그의 유명한 시집인『캔터베리 이야기』에 실려 있어요)에도 고양이 문이 나오죠.

조세핀 베이커의 치타

지금까지는 집에 있는 고양이에 대해 이야기했어요(가르릉거리는 아기 고양이들, 야옹거리는 고양이들). 이 고양이들이 하는 위험한 짓은 커튼에 매달리는 것뿐이죠. 그런데 어떤 유명한 사람들은 위험한 반려동물을 데리고 다니면서 으스댔어요. 그 위험한 반려동물들도 고양잇과 동물이었어요. 커다란 고양이들이죠! 200년 전 에드먼드 킨이라는 배우는 반려 퓨마와 함께 런던을 산책했어요. 템스 강에서 퓨마와 함께 택시 보트를 타기도 했죠.

1920년대에 미국의 가수이자 무용수인 슈퍼스타 조세핀 베이커는 파리에 살고 있었어요. 그녀는 치키타라는 이름의 반려 치타에게 다이아몬드 목걸이를 주었어요. 그녀는 치타와 함께 리무진을 탔고 극장에도 갔어요. 그게 안전한지는 모르겠네요, 조세핀. 내가 극장에서 치타를 봤다면 분명 벌벌 떨면서 팝콘을 떨어뜨렸을 거예요!

1800년대 후반에 프랑스 배우 사라 베르나르는 치타, 늑대, 원숭이, 앵무새, 보아뱀, 악어, 큰 거북, 카멜레온, 개들을 길렀어요. 그녀가 너무 많은 샴페인을 먹이는 바람에 악어는 죽고 말았어요. 여러분의 반려동물에게는 샴페인을 먹이지 마세요. 정말 안 좋거든요!

정말 예쁜 고양이네!

TV

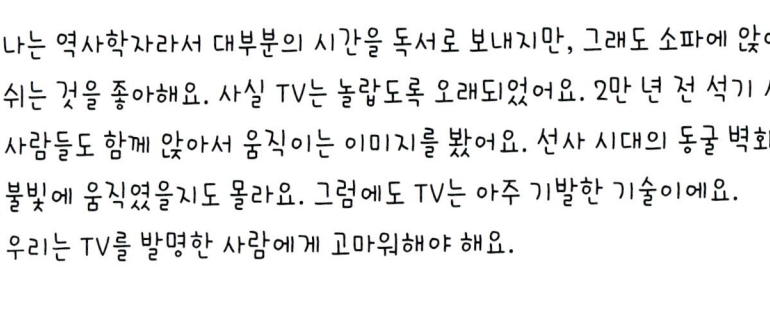

나는 역사학자라서 대부분의 시간을 독서로 보내지만, 그래도 소파에 앉아 TV를 보며 쉬는 것을 좋아해요. 사실 TV는 놀랍도록 오래되었어요. 2만 년 전 석기 시대 사람들도 함께 앉아서 움직이는 이미지를 봤어요. 선사 시대의 동굴 벽화는 일렁이는 불빛에 움직였을지도 몰라요. 그럼에도 TV는 아주 기발한 기술이에요. 우리는 TV를 발명한 사람에게 고마워해야 해요.

TV 개척자, 존 로지 베어드

그러면 우리는 어떤 천재에게 고마워해야 할까요? 존 로지 베어드예요. 그는 1888년 스코틀랜드에서 태어난 뛰어난 발명가예요. 10대 시절 그는 자신의 방과 친구들의 집을 연결하기 위해 전화 같은 것을 만들었어요. 글래스고에 살았던 그는 인조 다이아몬드를 만들기 위해 흑연에 다량의 전기를 흘려보냈어요. 그 바람에 정전 사태가 일어났죠. 윽!

베어드의 다음 발명품은 크게 부풀어 오르는 신발과 빨리 마르는 양말이었어요. 발을 따뜻하게 해 주는 발명품이었죠. 조금 이상하죠?! 그래도 이 양말은 제1차 세계 대전 당시 참호에 있어야 했던 군인들에게 잘 팔렸어요. 베어드는 돈을 많이 벌어 일을 그만두었어요. 그는 햇빛 찬란한 아름다운 트리니다드로 가서 잼 공장을 만들기로 했어요. 흠, 좀 색다르지만 뭐 어때요? 나중에 그는 영국으로 돌아와 텔레비전을 발명하기 위해 야심 찬 실험을 하기 시작했어요.

최초의 텔레비전

베어드의 첫 번째 TV는 1920년대 초에 비스킷 깡통, 뜨개바늘, 마분지, 모자 상자, 가위, 차 상자, 자전거용 전등으로 만들어졌어요. 찬장에서 아무 물건이나 꺼내어 세계적인 발명품을 만드는 모습을 상상해 보세요. 1929년 BBC는 베어드의 시험 방송을 허락했어요. 아, 송신탑이 하나라서 소리와 영상을 동시에 내보낼 수는 없었어요. 시청자들은 잠깐 동안 영상을 보고, 소리를 들은 뒤, 다시 영상을 봤어요. 별로였어요!

이 문제가 해결되자 1932년 BBC는 최초의 TV 프로그램을 내보냈어요. 가수, 무용수, 음악가, 심지어 공연하는 바다사자까지 이 프로그램에 나왔어요! 그러나 수많은 선으로 구성된 흑백 영상이 심하게 흔들렸기 때문에 그들 모두가 귀신처럼 보였어요. HD 화질이 아니었죠…….

1950년대에야 TV는 인기를 얻었어요. 슬프게도 베어드는 그때까지 살아서 자기 발명품의 엄청난 영향력을 보지 못했어요. 하지만 TV는 그가 남긴 엄청난 유산이었죠. 고마워요, 존!

아무것도 안 보여!

아무것도 안 들려!

채널 바꾸기

리모컨이 100년 전에 만들어졌다는 사실을 아시나요? 리모컨은 원래 라디오 채널을 바꾸기 위한 것이었어요. 그래서 라디오와 긴 선으로 연결되어 있었죠. 1939년에야 '미스터리 컨트롤'이라고 불리는 선 없는 리모컨이 발명되었어요. 재미있는 이름이라고요? 잠깐만요!

1950년 미국에서 판매된 최초의 TV 리모컨은 레이지 본즈 Lazy Bones('게으름뱅이'라는 뜻)라고 불렸어요. 사람들이 채널을 바꾸기 위해 자리에서 일어날 필요가 없었지요. 블래브-오프Blab-Off라고 불린 리모컨도 있었어요. 이 리모컨으로 짜증 나는 광고가 나오는 동안 소리를 끌 수 있었어요. 이 리모컨들은 TV와 선으로 연결되어 있었죠. 그러다 TV에 빛으로 신호를 보내는 플래시-매틱Flash-matic이 등장했어요. 불행히도 빛을 받아들이는 부분이 햇빛과 불빛에 의해 혼란을 일으키곤 했죠. 지나가는 자동차의 불빛 때문에 여러분의 리모컨이 TV를 꺼 버린다면, 그래서 가장 좋아하는 프로그램의 마지막 장면을 놓친다면 얼마나 짜증이 날까요!

48 파자마

하루가 거의 끝나 가요. 이제 이를 닦고 편안한 파자마로 갈아입을 시간이에요 (여러분이 나처럼 작가라서 집에서 하루 종일 파자마를 입고 있지 않다면요). 왜 우리는 잠자리에서 다른 옷을 입는 걸까요? 그 답을 찾기 위해 1800년대 영국으로 가 봐요.

잠잘 때는 모자

1800년대에 영국 사람들은 잠자는 동안 머리를 따뜻하게 하려고 나이트캡을 썼어요. 남자들의 모자는 길고 뾰족하고 조금 헐렁했어요(정원에 사는 요정의 모자를 생각해 보세요). 반대로 여자들은 머리에 꼭 맞고 턱에 끈을 묶는 보닛을 썼어요. 이 보닛은 1900년대 초에 할머니 모자로 여겨지면서 인기를 얻지 못했어요. 그러다 1920년대에 부두아르 캡이라는 이름을 달고 다시 유행했어요. 부두아르 캡은 아주 예쁜 실크로 만들어졌고 수술, 꽃 등이 달려 있었어요!

나이트캡은 머리를 따뜻하게 했을 뿐만 아니라 여자들의 아름다움도 지켜 주었어요. 보닛은 올림머리가 헝클어지고 지저분해지는 것을 막아 주었어요. 그 덕분에 매일 아침 머리를 다시 올리지 않아도 되었어요. 보닛은 베개에 샴푸 얼룩이 생기는 것도 막아 주었죠. 여자들은 때로 보닛에 향수를 뿌려 머리카락에서 좋은 냄새가 나게 했어요.

좋은 것은 절대 유행에서 밀려나지 않아요. 실크 보닛 역시 오늘날에도 여전히 인기가 많아요. 특히 아프리카계 미국인 여성들이 좋아하죠. 그들의 아름다운 곱슬머리는 베개와 마찰하면 건조해지고 손상되기 때문이에요.

나이트캡을 또 깜빡했구나?

나이트가운

찰스 디킨스의 『크리스마스 캐럴』은 여러 차례 영화로 만들어졌어요. 여러분도 그중 한 편을 본 적이 있나요? 구두쇠인 스크루지가 긴 나이트가운을 입고 있을 때 세 명의 유령이 그를 찾아오죠. 나이트가운은 1800년대 중반에 보통 밤에 입는 옷이었어요. 특히 영국처럼 추운 나라에서요. 나이트가운은 별로 화려하지 않았어요. 중동의 뜨거운 사막 국가에서 입는 하얀 싸웁처럼 아주 길고 아주 헐렁했죠. 싸웁은 낮에 사람들을 시원하게 해 주는 반면 나이트가운은 밤에 사람들을 따뜻하게 해 줘요. 비슷하게 생긴 옷이지만 서로 다른 목적을 지니고 있었죠!

군인이 입는 파자마

원래 페르시아어였던 파자마는 남아시아의 힌디어와 우르두어에서도 사용되었어요. 파자마는 '다리를 위한 옷'이라는 뜻이에요. 파자마는 원래 남자와 여자가 입던 헐렁한 바지였어요. 그러다 그 모양이 다양해졌죠.

아마 여러분은 밤에 잠자리에 들기 위해 위아래에 파자마를 입을 거예요, 맞죠? 원래 파자마는 그렇지 않았어요. 1700년대 후반부터 1800년대 중반까지 영국 동인도 회사가 인도의 대부분 지역을 지배했어요. 동인도 회사는 엄청나게 강력했어요. 영국 정부와는 조금 별개로 무역을 통제하고 세금을 걷고 군대를 거느렸죠. 25만 명의 동인도 회사 군인들은 주로 인도인이었어요. 그들은 다양한 색의 웃옷과 하얀 파자마를 멋지게 입었어요. 그들이 늦잠을 자고 급하게 침대에서 뛰쳐나온 탓에 파자마를 입었던 것이 아니에요. 파자마는 정식 바지였어요.

그런데 왜 요즘에는 위에도 파자마를 입게 되었을까요? 음, 1870년대부터 인도에 살았던 영국인들이 헐렁한 바지인 파자마를 영국에 들여왔어요. 낮에 그들은 집 근처나 정원에서 파자마 바지를 입었어요. 그러다 추운 밤에는 단추 달린 상의와 함께 입기 시작했죠. 1800년대 후반에 남자용 파자마는 종종 상의와 하의로 이루어져 있었어요(하지만 아직 스파이더맨 그림이 찍혀 있지는 않았어요).

그레그가 뽑은 파자마를 가장 싫어한 사람

모두가 파자마를 좋아한 건 아니에요. 유명한 미국 작가 마크 트웨인은 1890년대에 인도를 여행했어요. 그는 인도가 멋진 곳이라고 했지만 파자마에 대해서는 이렇게 썼어요. '파자마는 더운 밤에는 덥고 추운 밤에는 춥다. 잠옷용 셔츠에는 이런 결점이 없다. 유행을 따르기 위해 파자마를 입어 보았다. 하지만 포기해야 했다. 참을 수가 없었다.' 트웨인은 파자마 대신 나이트가운을 아주 좋아했어요.

세련된 파자마

남아시아에서 파자마를 들여온 것은 남자들만이 아니었어요. 여자들도 상·하의 한 벌로 구성된 파자마에 관심이 있었어요. 남자들은 파자마를 밤에만 입었지만 여자들은 낮에도 입었어요. 코코 샤넬 같은 유명한 패션 디자이너들은 파자마를 아주 시크(프랑스어로 '우아하고 멋지다'는 뜻이에요)하게 만들었어요. 이렇게 세련된 파자마는 종종 몸에 착 감기는 실크, 새틴, 레이온(과학자들이 발명한 새로운 인공 섬유예요)으로 만들어졌고 비치 파자마(해변에서 입고 쉬기에 좋았어요) 또는 이브닝 파자마(유쾌한 디너 파티에 입고 가면 좋았어요)라고 불렸어요.

그러니 내일 학교 가기 전에 부모님이 파자마를 갈아입으라고 한다면 이렇게 말하세요. 사실 파자마는 옛날부터 낮에 입은 옷이라고요. 여러분이 파자마에 아침 식사를 몽땅 쏟지 않았다면 말이죠!

시크하잖아, 엄마!

베개

여러분은 불룩한 베개가 좋나요, 아니면 납작한 베개가 좋나요? 푹신한 베개가 좋나요, 아니면 단단한 베개가 좋나요? 음, 난 납작한 베개가 좋아요. 특히 머리를 대면 쿵 소리가 나는 두툼한 베개가 좋아요. 아마 베개 안에는 거위 털, 깃털 등 푹신한 재료가 빽빽이 채워져 있을 거예요. 하지만 세계의 많은 곳에서는 단단한 베개를 썼어요. 베개를 두드리면 아플 만큼 단단했어요. 베개 싸움을 했다가는 코가 부러졌겠죠!

단단한 베개

단단한 베개 중에 가장 오래된 건 4,500여 년 전의 고대 이집트 베개예요. 고대 이집트인들은 푹신한 천 베개보다는 나무로 만든 머리 받침대를 사용했어요. U자 형태인 얇은 머리 받침대였죠. 사람이 누우면 머리와 목이 머리 받침대 중앙에 놓였지요. 그래서 옆으로 눕기보다는 똑바로 누워서 자야 했어요.

그러면 왜 머리 받침대가 베개보다 인기 있었을까요? 머리 받침대는 이집트 이외의 다른 지역에서도 널리 쓰였어요(400여 년 전, 에도 시대의 일본뿐만 아니라 많은 아프리카 문화권에서 사용되었죠). 땋은 머리와 기름을 바른 가발이 잠자는 동안 엉망이 되지 않도록 머리 받침대를 만들었어요. 머리카락은 종종 아름다움과 권력의 표시였거든요. 사람들은 울타리 너머로 질질 끌려간 것처럼 엉망(아침에 일어난 내 모습이에요)인 헤어스타일보다는 세상 사람들에게 존경받을 만한 모습으로 잠에서 깨고 싶었을 거예요.

머리 받침대 덕분에 부자들은 며칠 동안 똑같은 헤어스타일로 지낼 수 있었어요. 머리를 땋았다거나 진흙을 발랐다거나 다양한 장식물을 꼬아 두었다면(아프리카에서는 아주 흔한 일이에요) 머리 받침대가 아주 쓸모 있었을 거예요. 게다가 값비싼 재료에 화려한 조각을 넣은 머리 받침대는 그 자체로 아름다운 예술 작품이었어요. 그런 머리 받침대는 자신이 얼마나 중요한 사람인지 자랑하기에 좋은 방법이었죠.

그레그가 뽑은 최고의 의사

잠자는 시간은 종종 회복과 치유의 시간으로 여겨져요.
고대 그리스인들은 아프면 치유의 신인
아스클레피오스의 신전에 가서 잠을 잤어요.
그러면 꿈에 신이 나타나 치료법을 알려 준다는 거예요.
내 꿈은 치료에 별로 도움이 되지 않는데……
꿈속에서 나는 축구를 해요.
잠에서 깨어나도 다리는 계속 아프죠!

걱정 마세요. 내가 낫는 꿈을 꿔 볼게요!

베갯속을 채워요!

중세 동아시아의 부자들은 단단한 머리 받침대를 썼어요. 거기에는 종종 사랑스럽고 예술적인 그림이 그려졌어요. 중국의 머리 받침대는 도기 또는 자기로 만들어서 더운 여름에 시원했지요. 더욱 기발한 베개도 있었어요. 바로 속이 비어 있는 베개였어요. 한국과 중국의 자기 베개는 속이 비어 있어서 겨울에는 뜨거운 물을 넣어 목을 따뜻하게 하고 여름에는 찬물을 넣어 목을 시원하게 할 수 있었어요. 1,000년 전에 중국 시인 전석田錫은 자신의 국화 베개에 대한 시를 썼어요. 국화의 좋은 향기는 신경을 안정시켜서 잠이 솔솔 오게 했지요.

전석보다 조금 늦은 시기에 살았던 중국의 역사학자 사마광은 늦게까지 잠을 자지 않고 책을 쓰고 싶어 했어요. 그래서 계속 잠이 깨는 불편한 통나무 위에서 잤어요. 잠이 깨면 그는 아픈 목을 문지르며 뭔가를 썼어요. 그러다가 목이 나아지면 다시 잠을 자기 위해 통나무로 돌아가곤 했어요. 나도 밤늦게까지 글을 쓰는 역사학자이지만 (난 새벽 2시에 이 글을 쓰고 있어요!) 사마광의 통나무 침대는 끔찍한 형벌처럼 느껴져요. 난 내가 좋아하는 베개를 계속 벨 거예요. 베개야, 정말 고마워!

침대

음, 많은 일이 벌어진 긴 하루였어요. 이제 편히 잠자리에 들 시간이에요. 그래야 다시 튼튼해진 몸으로 내일의 모험을 시작할 테니까요.
여러분의 침대는 내 침대와 비슷할 거예요. 통통 튀는 매트리스는 깨끗한 시트에 감싸여 있고 그 위에는 부드러운 이불이 놓여 있죠. 아, 포근해요!
하지만 수천 년 전 석기 시대의 침대는 어떠했을까요? 놀랍게도 고고학자들은 그 답을 알아요.

석기 시대의 잠

고대인들은 종종 동굴에서 살았어요. 남아프리카의 시부두 동굴에서는 7만 7,000년 전 선사 시대의 매트리스 흔적이 나왔어요. 믿어지나요? 선사 시대의 매트리스는 요즘 매트리스와 달리 스프링이나 메모리 폼으로 채워지지 않았어요. 아니, 그 매트리스는 다양한 잎과 풀로 만들어졌어요. 그중에는 강에서 자라는 야생 마르멜루(모과류)의 잎도 있었어요. 야생 마르멜루는 벌레와 모기가 싫어하는 화학 성분을 만들어 내죠. 그 매트리스 위에서 자면 아침에 벌레 물린 자국 없이 일어날 수 있었어요. 기발하죠?

그런데 선사 시대 사람들은 잠자리에서 기름진 고기를 우적우적 먹었어요. 그들은 매트리스에 약간의 음식을 흘렸고 지저분한 손가락을 닦았지요. 결국에는 매트리스에 벌레가 몰려들곤 했어요. 윽! 그래서 선사 시대 사람들은 어떻게 했을까요? 솔로 쓸어 냈을까요? 강에서 씻어 냈을까요?
아뇨! 그냥 그 매트리스를 불태워 버리고 새로운 매트리스를 만들었어요. 여러분은 절대 따라 하지 마세요!

미끄러지는 침대

여러분의 매트리스는 높은 침대에 놓여 있나요? 내 매트리스도 그래요. 이런 높다란 침대는 적어도 5,000년 전에 나왔어요. 영국 오크니에는 석기 시대 마을인 스카라 브레(구글에서 검색해 보세요)가 있어요. 이곳에는 수천 년 전 선사 시대 사람들이 잠을 잤던 두툼한 돌덩이가 있어요. 만화 『플린스톤』(구글에서 검색해 보세요)에 나오는 가구와 아주 많이 닮았지요.

고대 이집트인들은 좀 더 편한 침대에서 잤어요. 사자가 조각된 아주 아름다운 침대였죠. 투탕카멘 왕도 같은 모양의 황금 침대 몇 개와 함께 매장되었어요. 이 침대에는 머리맡 대신 발치에 나무판이 있었어요. 왜일까요? 고대 이집트인들의 침대는 아래로 기울어져 있었어요. 그래서 몸이 미끄러져 내리는 것을 막기 위해 발치에 나무판을 설치한 거죠!

바닥이 좋아!

높은 침대만 쓰인 것은 아니에요. 아시아와 아프리카의 많은 지역에서는 대개 바닥에서 잠을 잤어요. 중세에 몽골과 튀르키예 사람들은 유목 생활을 한 것으로 유명해요. 한곳에 오래 머물지 않고 항상 돌아다녔지요. 유목민은 모든 것을 말과 낙타의 등에 싣고 다녔어요. 그런데 낙타의 등에 커다란 나무 침대를 싣는 것은 쉽지 않은 일이었죠. 매트나 쿠션을 돌돌 말아 텐트와 함께 가지고 다니는 것이 훨씬 더 간편했어요.

일본인들도 바닥에서 자는 것으로 유명해요. 그들은 아직도 길고 얇은 다다미 위에 요를 깔고 이불을 덮고 자요.

잘 자요

중세 유럽의 침대에는 밧줄이 쓰였어요. 어떻게요? 당시 침대는 매트리스를 놓는 밑판이 밧줄로 엮여 있었어요. 그 위에 밀짚을 채운 매트리스를 올려놓았죠. 잠을 자다 보면 밧줄이 점점 늘어지고 헐렁해졌어요. 그러면 매트리스 가운데가 축 처지곤 했죠. 그래서 밤에 잘 자려면 그 밧줄부터 팽팽히 당겨야 했어요.

그레그가 뽑은 가장 거대한 침대

옆에 그려진 침대를 보세요. 위에 덮개가 있는, 기둥 네 개짜리 침대예요. 1590년경에 영국 하트퍼드셔의 여관에서 손님을 끌기 위해 만들었다고 해요. 어떻게 침대가 손님을 끌어들였을까요? 거대한 크기가 호기심을 자극했던 거죠! 여관 주인은 여덟 명이 잘 수 있도록 폭이 3미터나 되는 침대를 만들었다고 해요. 그 정도라면 축구팀이 모두 누울 수 있었을 거예요(진흙투성이의 신발만 벗는다면 말이죠). 물론 침대를 혼자 차지하려는 사람은 어떻게든 침대 전체에 큰대자로 누우려고 애썼겠지요. 사람들은 이 침대에서 잤다고 자랑하고 싶어서 침대에 자기 이름을 새기고 밀랍 봉인을 찍었어요. 셰익스피어의 희곡 「십이야」에도 이 침대가 나와요. 이렇게 유명하고 거대한 침대의 시트를 바꾸려면 한바탕 야단법석을 떨었을 거예요!

"자기야, 침대에 들어올 거야?"

"난 벌써 들어와 있는데!"

찾아보기

ㄱ

갈릴레이, 갈릴레오 Galilei, Galileo 83
감자 칩 potato crisps 93~5
개 dog 122~4
거울 mirror 32~3
계산기 calculator 65~7
고양이 cat 125~7
공놀이 ball games 74~5
교실의 시계 classroom clock 82
구텐베르크, 요하네스 Gutenberg, Johannes 61, 63~4
그리스인, 고대 Greeks, ancient 15, 18, 24, 59, 62, 68~9, 77~8, 97, 134
기독교인(도) Christians 21, 62, 105

ㄴ

나이프, 포크, 숟가락 등(수저류) cutlery 116~8
남아메리카 South America 71, 93
남아프리카 South Africa 135
냉장고 fridge-freezer 44, 102, 114~5
노르웨이 Norway 59, 106

ㄷ

독일 Germany 54, 59, 61, 63, 67, 69, 84, 91, 117, 120
돈 money 37, 46, 51, 53, 66, 102~3
디킨스, 찰스 Dickens, Charles 17, 117, 131

ㄹ

러브레이스, 에이다 Lovelace, Ada 67
러시아 Russia 31, 105, 109
로마인, 고대 Romans, ancient 11, 20, 23~5, 32, 56, 59, 62, 66, 68, 77, 80, 97, 110, 116
롤러스케이트 roller skates 33, 76, 121
루이 14세 King Louis XIV 33, 35, 81, 97

ㅁ

마야 Maya 71
메소아메리카 Mesoamerica 75
메소포타미아 Mesopotamia 38, 60, 104, 115, 123
모노폴리 Monopoly 106
몽골 제국 Mongol Empire 81
무굴 제국 Mughal Empire 97
미국 USA 12~5, 24, 27, 29, 37, 40, 46, 50, 55, 57, 59, 75~8, 80, 84, 87, 94, 101, 109, 111, 117, 121, 124, 129
미국 원주민 Indigenous Americans 15, 29, 50, 115
미크로네시아 Micronesia 103

ㅂ

바빌로니아인 Babylonians 49, 65, 82, 85, 123
베개 pillow 130, 133~4
베어드, 존 로지 Baird, John Logie 128~9
벨, 알렉산더 그레이엄 Bell, Alexander Graham 88~9
변기 toilet 10~2
보드게임 board games 104~6
보석 상자 jewellery box 30~1
북아메리카 North America 14, 23, 27, 40, 42, 87, 96, 103, 111, 115
분수식 식수대 water fountain 79~81
비누 soap 20~1
비디오 게임 video games 107~9
빅토리아 시대 사람들 Victorians 17, 31, 35, 42, 92, 111

ㅅ

상형 문자 hieroglyphs 60
샤워 shower 16~8, 111
샴푸 shampoo 19, 130
석기 시대 Stone Age 15, 32, 36, 38, 50, 65, 93, 116~7, 122~3, 128, 135~6
선글라스 sunglasses 29
설형 문자 cuneiform 60, 123
세종 대왕 世宗大王 64
소파 sofa 96~8
속옷 underwear 22~4
수메르인 Sumerians 21, 60
스마트폰 smartphone 85~7
스키타이인 Scythians 101
스파르타인 Spartans 18, 102~3
스페인 Spain 21, 34, 43, 58, 72~3, 85, 94, 105
시리아 Syria 21, 82
시리얼 cereal 36~7, 71
신발 shoes 50~1, 123, 128

ㅇ

아산테 왕국 Asante Empire 98
아즈텍인 Aztecs 22, 71~3
아시아 Asia
　남아시아 South Asia 26~7, 38, 111, 131~2
　동남아시아 South-East Asia 43, 69
　동아시아 East Asia 64, 69, 81, 96, 110, 134
아일랜드 Ireland 19, 34, 94~5
아프리카 Africa 69~70, 73, 105, 133, 136
안경 glasses 28~9
양말 socks 24, 48, 128

양철 캔 tin can 113
에디슨, 토머스 Edison, Thomas 46, 55, 89, 119~20
엘리자베스 1세 Queen Elizabeth I 11, 85
연필 pencil 57~8
영국 UK 9~12, 14, 21~3, 25, 35, 42, 46, 48~9, 51~3,
　　56, 66, 72~6, 84~5, 87, 91, 94, 97~8, 106, 109,
　　111, 113, 115, 124, 127~8, 130~1, 136~7
영국 동인도 회사 British East India Company 19, 131
온도 조절 장치 thermostat 110~2
옷 clothes 13, 22, 25~7, 43, 47, 55, 92, 131~2
요요 yo-yo 78, 83
우비 wet weather gear 47~9
우산 umbrella 49, 98
우편함 letter box 52~3
운동장 게임 playground games 76~8
워싱턴, 조지 Washington, George 40, 124
웰링턴, 공작 Wellington, Duke of 48
유대인 Jews 59
유럽 Europe 14, 21, 23~4, 27, 35, 39~40, 47, 51, 61, 63,
　　72, 83~4, 94, 103, 106, 111, 117, 137
이라크 Iraq 21, 38, 44, 60, 104, 115
이슬람교도 Muslims 15, 21, 105
이집트 Egypt
　　고대 ancient 10, 22, 24, 30, 32, 34, 41, 44, 49, 59~60,
　　　　62, 82, 104, 112, 115~6, 126, 133, 136
　　중세 medieval 101
이탈리아 Italy 28, 33~4, 43, 45, 90, 117
인더스 문명 Indus civilisation 10, 79
인도 India 10, 19, 26, 66, 69~70, 73, 79, 84, 105, 111,
　　131~2
인쇄기 printing press 61
일본 Japan 15, 24, 26~7, 43, 47, 69, 96, 105, 109, 118,
　　133, 136
잉카 제국 Inka Empire 94

ㅈ
자 ruler 58~9
자동차 car 54~6
자명종 alarm clock 8~9
자전거 bicycle 18, 27, 54, 90~2
전구 light bulb 44~6, 107, 119
전기 electricity 44~6, 55, 87, 112, 121, 128
전화 telephone 88~9
종이 paper 13~4, 49, 57~65, 87, 103
종이 클립 paperclip 59
중국 China 36, 64, 69, 92, 118
　　고대 ancient 13, 32, 49, 60, 78, 99, 107, 110, 112, 118
　　당나라 Tang Dynasty 39, 112
　　원나라 Yuan Dynasty 53
　　주나라 Zhou Dynasty 102
　　중세 medieval 9, 29, 39, 41, 53, 78, 103, 118, 134
중동 Middle East 21, 27, 33, 38, 60, 66, 105, 112, 131
지구본 globe 68~70

ㅊ
채륜 蔡倫 60
책 book 11, 28, 61~4, 68, 86, 124, 134
철기 시대 Iron Age 34
청동기 시대 Bronze Age 10, 32, 38, 65~6, 79, 104, 115,
　　123
체스 chess 105~6, 109
초콜릿 chocolate 71~3, 120
최윤의 崔允儀 64
축구 football 74~5
축음기(원통형) phonograph 119
축음기(원판형) gramophone 120~1
치약 toothpaste 41~3
침대 bed 110, 131, 135~7
칫솔 toothbrush 38~40, 42

ㅋ
컴퓨터 computer 67, 107~8

ㅌ
탄산음료 Rrefreshing drink 99~101
테슬라, 니콜라 Tesla, Nikola 46
투탕카멘 Tutankhamun 22, 136
튀르키예 Turkey 27, 32, 36, 97, 103, 117, 136
티셔츠 T-shirt 24

ㅍ
파자마 pyjamas 130~2
파크스, 로자 Parks, Rosa 80
파키스탄 Pakistan 10, 79
페르시아인 Persians 26, 53, 66, 115, 126
포드, 헨리 Ford, Henry 55
프랑스 France 33, 35, 58, 78, 81, 84, 86, 91, 95, 98, 113
프랭클린 벤저민 Franklin, Benjamin 29
플라톤 Plato 8
필리핀 Philippines 78
필통 pencil case 57~9

ㅎ
한국 Korea 64, 69, 110, 118, 134
헤드폰 headphones 119~21
헤어 젤 hair gel 34~5
화장지 toilet paper 13~5

기타
TV 128~9

그레그 제너 글

영국의 작가이자 역사학자예요. 대중문화를 통해 역사를 전하는 데 관심이 많고
요크 대학교에서 고고학 학사 학위와 중세학 석사 학위를 받았어요. 여러 TV 시리즈에
역사 자문을 했고, 잡지에 글을 썼으며 각종 라디오 방송과 팟캐스트에 출연했어요.
헤비메탈과 얼터너티브 록을 즐겨 듣고 미국의 록 밴드 '트라이스(Thrice)',
영국의 축구팀 '토트넘 홋스퍼 FC'의 팬이기도 해요. 2020년에는 어린이를 위한
역사 팟캐스트 「홈스쿨 히스토리」를 진행했어요. 영국 왕립역사학회 회원이고
현재 요크 대학교에서 학생들을 가르치고 있어요.
지은 책으로 『완전한 혼돈의 역사 : 고대 이집트』(아마존에서 판매 1위를 기록했어요),
『하루에 백만 년 : 석기 시대부터 휴대폰 시대까지 흥미로운 일상의 역사』, 『유명인 :
청동기 시대부터 영화 산업까지 유명인들의 뜻밖의 역사』, 『역사학자에게 물어 보세요 :
항상 궁금했던 것들에 대한 50가지 놀라운 대답』 등이 있어요.

제니 테일러 그림

영국 프레스턴에 살고 있는 프리랜서 일러스트레이터이자 그래픽 디자이너예요.
주로 어린이책에 재미있고 유익한 그림을 그리고 있어요. 그린 책으로 '잼 공장의
외계인' 시리즈가 있어요.

윤정숙 옮김

고려대학교 영어영문학과를 졸업하고 잡지사와 출판사에서 일했으며,
지금은 번역가로 활동하고 있어요. 옮긴 책으로 『이클립스』, 『브레이킹 던』,
『택시 소년』, 『물이 돌고 돌아』, 『춤추는 백조』, 『그랜드 캐니언』, 『영원한 친구』,
『피어나다』 등이 있어요.

사물의 역사

초판 1쇄 펴냄 2024년 7월 15일
지은이 그레그 제너 **그린이** 제니 테일러 **옮긴이** 윤정숙
펴낸이 박남숙 **펴낸곳** (주)소소 첫번째펭귄
출판등록 2022년 7월 13일 제2022-000195호
주소 03961 서울특별시 마포구 방울내로9길 24 301호(망원동)
전화 02-324-7488 **팩스** 02-324-7489 **이메일** sosopub@sosokorea.com
ISBN 979-11-979592-4-0 73900

- 책값은 뒤표지에 있습니다.
- 이 책 내용의 일부 또는 전부를 재사용하려면 반드시 (주)소소의 동의를 얻어야 합니다.
- 잘못 만들어진 책은 구입하신 서점에서 교환해 드립니다.

제품명 어린이용 각양장 도서 **제조자명** (주)소소 첫번째펭귄 **제조국명** 대한민국 **사용연령** 6세 이상
주의사항 종이에 베이거나 긁히지 않도록 조심하세요. 책 모서리가 날카로우니 던지거나 떨어뜨리지 마세요.
KC마크는 이 제품이 공통안전기준에 적합하였음을 의미합니다.